AF363430

BIOGRAPHIE

DES PRÉFETS.

GALERIE ADMINISTRATIVE,

OU

BIOGRAPHIE

DES

PRÉFETS,

DEPUIS L'ORGANISATION DES PRÉFECTURES

JUSQU'A CE JOUR,

Par Honoré FAURÉ,

de St-Céré (Lot).

> Le seul moyen d'obliger les hommes
> à dire du bien de nous, c'est d'en faire.
> **VOLTAIRE.**

TOME PREMIER.

AURILLAC,

IMPRIMERIE DE P. PICUT, IMPRIMEUR-LIBRAIRE.

Juin 1839.

Le Vicomte de Jessaint,

PRÉFET DE LA MARNE,

GRAND-OFFICIER DE LA LEGION-D'HONNEUR.

Monsieur le Vicomte;

C'est à vous, Doyen des Préfets, que j'ai l'honneur de dédier mon ouvrage biographique.

Nul autre n'en est plus digne que vous, qui, par une exception des plus rares, avez su, sans ambition comme sans intrigue, conserver honorablement le poste que le grand Génie, autrefois votre condisciple, daigna vous confier il y a trente-huit ans.

Des trônes ont été renversés; de nombreux bouleversemens ministériels ont eu lieu; vous seul, Monsieur le Vicomte, avez résisté à tant de vicissitudes politiques; et le département de la Marne a encore le bonheur de jouir des bienfaits de votre paternelle administration.

Veuillez agréer l'hommage de ma dédicace et de mon profond respect avec lequel je suis,

Monsieur le Vicomte,

Votre très-humble et très-obéissant serviteur.

Honoré FAURÉ.

Saint-Céré (Lot), le 26 octobre 1838.

PRÉFECTURE DE LA MARNE.

Châlons, le 3 novembre 1838.

Monsieur,

J'ai reçu la lettre du 26 octobre dernier, par laquelle vous voulez bien m'offrir votre ouvrage biographique sur les *Préfets de France.*

Je vous remercie des choses obligeantes que vous m'adressez, mais je suis loin de mériter tous vos éloges. Si dans le cours de mon administration, j'ai pu obtenir quelques succès, je les dois au bon esprit du pays que j'habite, et il m'a suffi d'en suivre l'impulsion pour maintenir toujours dans le département l'union et l'harmonie qui contribuent si puissamment au bonheur des populations.

Agréez, Monsieur, l'assurance de ma considération distinguée.

Le Préfet de la Marne,

Le Vᵗᵉ de JESSAINT.

Monsieur HONORÉ FAURÉ, homme de lettres, à Saint-Céré (Lot).

AVIS.

Pour la plus grande commodité du lecteur, et en même temps, pour répondre au désir d'un grand nombre de souscripteurs, nous avons cru devoir réunir les deux volumes de cet ouvrage biographique sous la même couverture.

Nous n'avons rien négligé pour rendre notre production aussi intéressante et aussi complète que possible.

A cet effet nous avons consulté les meilleurs ouvrages historiques et biographiques, qui ont été publiés jusqu'à ce jour; de plus, nous nous sommes entouré d'utiles et authentiques renseignemens qui nous ont été fournis par d'honorables correspondans impartiaux et tout-à-fait étrangers à tout esprit de parti.

Cependant, malgré tous nos efforts et toute notre sollicitude à cet égard, nous pensons que nous sommes loin d'avoir obtenu le résultat que nous nous sommes proposé.

Dans cette appréhension, nous avons l'honneur de prier non-seulement les personnes intéressées, mais encore le lecteur impartial de vouloir bien nous communiquer les rectifications à faire, comme aussi de vouloir bien nous transmettre tous les renseignemens qu'ils jugeront utiles.

Nous prenons l'engagement formel de faire droit à toutes les réclamations, dans la prochaine édition qui sera publiée aussitôt que celle-ci sera épuisée; pourvu toutefois qu'elles soient amplement justifiées.

Nous prévenons que les réclamations et renseignemens doivent nous être adressés *franco*, avant le 1er septembre prochain, à notre domicile, à Saint-Céré (Lot).

Pour fixer nos lecteurs sur le mérite des nombreuses mutations survenues dans le personnel des Préfets, notamment depuis la première restauration, nous avons jugé convenable de mettre sous leurs yeux, au commencement de l'ouvrage, la classification des préfectures.

Par ce moyen, ils seront à même de juger si ces mutations ont eu lieu à titre d'avancement, ou bien à titre de disgrâce.

CLASSIFICATION
DES PRÉFECTURES.

Hors Classe.	**2e Classe.**
Seine.	Gironde.
	Loire-Inférieure.
1re Classe.	Nord.
Bouches-du-Rhône.	Rhin (Bas).
Rhône.	Seine-et-Oise.
Seine-Inférieure.	

3ᵉ Classe.

CALVADOS.
CÔTE-D'OR.
DOUBS.
GARD.
GARONNE (HAUTE).
HÉRAULT.
ILLE-ET-VILAINE.
ISÈRE.
LOIRET.
MEURTHE.
MOSELLE.
PAS-DE-CALAIS.
SOMME.

4ᵉ Classe.

CHARENTE-INFÉRIEURE,
INDRE-ET-LOIRE.
MAINE-ET-LOIRE,
MANCHE.
PUY-DE-DÔME.
VENDÉE.

5ᵉ Classe.

AIN.
AISNE.
ALLIER.
ARDENNES.

ARIÉGE.
AUBE.
AUDE.
CHARENTE.
CHER.
CORSE.
CÔTES-DU-NORD.
DORDOGNE.
DRÔME.
EURE.
EURE-ET-LOIR.
FINISTÈRE.
GERS.
INDRE.
JURA.
LOIR-ET-CHER.
LOIRE.
LOT.
LOT-ET-GARONNE.
MARNE.
MARNE (HAUTE).
MAYENNE.
MEUSE.
MORBIHAN.
NIÈVRE.
OISE.
ORNE.
PYRÉNÉES (BASSES).
PYRÉNÉES (HAUTES).
PYRÉNÉES-ORIENTALES.

Rhin (Haut).	Alpes (Hautes).
Saône-et-Loire.	Ardèche.
Sarthe.	Aveyron.
Seine-et-Marne.	Cantal.
Sèvres (Deux).	Corrèze.
Tarn.	Creuse.
Tarn-et-Garonne.	Landes.
Vaucluse.	Loire (Haute).
Vienne.	Lozère.
Vienne (Haute).	Saône (Haute).
Yonne.	Var.
	Vosges.

6e Classe.

Alpes (Basses).

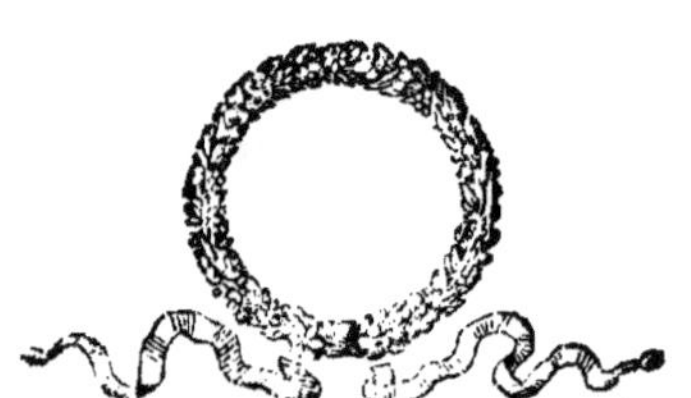

BIOGRAPHIE

DES

PRÉFETS.

A

ABRIAL (le comte André-Pierre-Etienne), pair de France, conseiller d'état en service extraordinaire, officier de la Légion-d'Honneur, né à Paris, le 5 décembre 1783. Il débuta dans les fonctions publiques par le modeste emploi d'auditeur au conseil-d'état ; plus tard, il devint commissaire-général de police à Lyon. Dans ces nouvelles et délicates fonctions, M. Abrial se distingua par une conduite digne d'éloges. Le 12 mars 1813, il obtint la préfecture du Finistère ; mais il ne conserva pas longtemps ce nouveau poste. Révoqué et remplacé en 1814 par M. de Saint-Luc, il rentra dans la vie privée avec le titre de maître des requêtes honoraire. Napoléon, à son retour de l'île d'Elbe, lui confia l'administration du département du Gers, dont il fut dépossédé par suite de la seconde abdication de ce monarque. Le 4 novembre 1818, il fut nommé maître des requêtes en service extraordinaire, et passa en service ordinaire au comité de la marine et des colonies, le 16 juillet 1820. Son père mourut le 13 novembre 1828. Il lui succéda à la chambre

des pairs, et, comme lui, il fit partie de la minorité
de cette assemblée; mais depuis la révolution de
Juillet, le noble pair figure dans les rangs de la majorité.

ADET (Pierre-Augustin), officier de la Légion-
d'Honneur, naquit à Nevers, le 18 mai 1763; il
embrassa la carrière des armes et servit quelque
temps dans un régiment d'artillerie. Retiré du service militaire, il se livra à l'étude des sciences, et,
après la révolution de 1789, il fut successivement
chef du bureau des colonies au ministère de la marine, membre du conseil des mines, et adjoint à ce
ministère. Plus tard, la convention nationale le
nomma ministre plénipotentiaire à Genève, d'où
il passa, à ce même titre, aux Etats-Unis d'Amérique où il fut chargé par le directoire de faire des
démarches actives et pressantes auprès du secrétaire de ces états, pour forcer les Américains à
mieux se défendre des entreprises des Anglais contre
leur neutralité; M. Adet ne négligea aucun moyen
pour remplir l'objet de sa mission; mais toutes ses
représentations furent rejetées, et il fut rappelé. Le
14 fructidor an VI, ayant été nommé commissaire à
St-Domingue, il refusa cette place, et resta sans
fonctions jusqu'après le 18 brumaire an VIII; à cette
époque, il entra au tribunat. Le 12 germinal an XI,
il obtint la préfecture de son pays natal (Nièvre);
en 1809, après avoir été remplacé par M. de Plancy,
il passa au corps législatif, et y siégea jusques vers
le commencement de 1813, époque à laquelle il
devint conseiller-maître à la cour des comptes; il
adhéra à la déchéance de Napoléon, en 1814, et, le

25 mars 1815, il signa l'adresse présentée à ce monarque, au nom de cette cour. Durant les quinze années de la restauration, M. Adet n'a occupé aucune fonction publique, tous ses momens étaient employés à l'étude de la chimie ; il était l'un des collaborateurs pour la rédaction des annales de cette science. Le gouvernement de Juillet le rappela à la cour des comptes. Il est mort en 1834.

ADMYRAULT (Julien-Louis), officier de la Légion-d'Honneur, naquit à La Rochelle en 1760, maire de sa commune et membre du corps législatif sous le gouvernement impérial, député de la Charente-Inférieure, sous la restauration. Après la révolution de 1830, il obtint la préfecture de la Charente-Inférieure (Saintes), où il mourut en fonctions vers la fin du mois d'octobre 1835. Il était âgé de soixante-quinze ans.

ALBERTAS (le marquis Suzanne d'), pair de France, officier de la Légion-d'Honneur, naquit à Aix, en 1749, de l'une des familles les plus anciennes et les plus opulentes de la Provence ; il était premier président du parlement de sa ville natale avant la première révolution. M. le marquis n'émigra point, il vécut paisiblement dans la retraite jusqu'à la restauration, uniquement occupé de l'exploitation de ses propriétés immenses. En 1814, le roi lui confia la préfecture des Bouches-du-Rhône (Marseille). Napoléon, à son retour de l'île d'Elbe, renvoya ce magistrat vers ses dieux pénates ; mais à la seconde rentrée de la famille royale et, le 17 août 1815, il fut créé pair de France. Il vola, en cette qualité, la mort du maréchal Ney. Il mourut dans sa terre de Gemenos, près Marseille, le 3 septembre 1829. Depuis plusieurs années, M. d'Albertas ne prenait aucune part aux délibérations de la chambre des pairs, à cause de son grand âge.

ALLONVILLE (le comte Alexandre-Louis d'), chevalier de Saint-Louis, officier de la Légion-d'Honneur, né à Paris, le 18 février 1774; il émigra avec son père en 1791, et servit dans l'armée des princes. Rentré en France au moment des préparatifs de l'expédition d'Egypte, il obtint la faveur d'en faire partie; à peine arrivé dans ce pays, il devint directeur des finances, et se distingua par une administration sage et éclairée. De retour de cette expédition, les consuls le nommèrent inspecteur des domaines; en 1814, le gouvernement royal l'appela aux fonctions de préfet de la Creuse (Guéret), et lui conféra la décoration de la Légion-d'Honneur; le gouvernement impérial lui envoya un successeur en mars 1815. A la seconde rentrée des Bourbons, le 12 juillet 1815, M. d'Allonville obtint la préfecture d'Ille-et-Vilaine (Rennes), bien plus importante, sous tous les rapports, que la précédente. Le 1er octobre 1817, il passa à la préfecture de la Somme (Amiens), d'où il fut appelé à celle du Puy-de-Dôme, le 27 juillet 1823. Enfin, le 30 mars 1828, il fut remplacé par M. Rogniat et envoyé à la préfecture de la Meurthe, dont il a perdu l'administration par suite de la révolution de 1830 : il était aussi conseiller-d'état en service extraordinaire. Le gouvernement de Louis-Philippe lui a accordé une pension de retraite de 6,000 fr.

ALON (le marquis d'), fils d'un ancien conseiller au parlement de Bordeaux, et gendre de M. le comte de Peyronnet, ex-ministre de Charles X, débuta fort jeune dans la carrière administrative : il fut nommé successivement maître des requêtes, chevalier de la Légion-d'Honneur et sous-préfet de Saint-Denis. Le 5 novembre 1823, il devint préfet du Cher (Bourges); il passa à la préfecture de la Charente-Inférieure le 3 mars 1828.

La révolution de 1830 vint détruire la belle perspective de ce jeune administrateur.

ANGELIER (le chevalier), fut successivement, sous le gouvernement impérial, employé à la caisse d'amortissement et secrétaire-général de l'ancienne préfecture de la Sésia; il était sous-préfet de Libourne, lorsqu'en 1819 il devint préfet des Landes. Il ne se rendit point sans doute à ce poste, car un mois après, il fut appelé à la préfecture de Tarn ; le 19 juillet 1820, il passa à celle de l'Aude.

Le 1er septembre 1824, le gouvernement lui ayant envoyé un successeur, force fut à M. Angelier de céder sa préfecture et de rentrer dans la classe des simples citoyens ; cependant, le 3 mars 1828, sous le ministère Martignac, il obtint la préfecture de la Corse. Le 2 avril 1830, il fut appelé à l'administration du département du Var. Il est rentré de nouveau dans la vie privée depuis la chute de Charles X. M. Angelier jouissait à juste titre de la réputation honorable d'un excellent administrateur.

ANGOSSE (le marquis Pierre-Constant-Charles-Joseph d'), pair de France, grand-officier de la

Légion-d'Honneur , naquit à Darthez-Dassou, le 5 octobre 1774 , d'une ancienne famille noble du Béarn ; en 1790, il sortit de l'école militaire avec le grade de lieutenant et émigra un an après. Rentré en France sous le consulat, il accepta les fonctions gratuites de maire de sa commune ; soit qu'il se fit connaître dans cet emploi subalterne , soit par son mérite personnel il obtint, en 1806 , l'entrée à la cour de Napoléon, en qualité de chambellan , et fut immédiatement créé comte de l'empire. Le 30 novembre 1810, il devint préfet des Landes ; dans ces nouvelles fonctions, il se montra habile et dévoué. En 1814, le gouvernement royal mit ce magistrat de côté. Il reparut sur la scène politique pendant les cent jours de 1815 , comme préfet du Haut-Rhin ; mais à la seconde restauration il fut destitué de nouveau. Sous le ministère Decazes, M. d'Angosse obtint les honneurs de la pairie. Ce noble pair a voté constamment avec le parti constitutionnel de cette chambre. Il est mort à Paris, le 24 décembre 1835 , à la suite d'une longue et douloureuse maladie.

ANTIN (le baron d') fut nommé préfet des Basses-Pyrénées, le 10 juin 1814; le soleil du 20 mars 1815, fit disparaître de l'horizon préfectoral ce fonctionnaire dont nous ignorons les antécédens. Il reparut sur la scène politique à la chambre des députés de 1815; mais il ne fut pas réélu en 1816.

APPARENT (le comte Charles , de l'), commandeur de la Légion-d'Honneur , naquit à Fontenay , en 1756; il était conseiller au présidial de cette ville avant la révolution de 1789 , dont il embrassa les principes. Il devint successivement membre de l'assemblée législative et de la convention nationale ; lors du jugement de Louis XVI, il vota la mort de ce monarque sans appel ni sursis. Il fut ensuite envoyé en mission à l'armée du Nord, il contribua puissamment à la défense de Valenciennes par une courageuse résistance ; le 1ᵉʳ août 1793, il sortit de la ville avec la garnison, après une capitulation honorable. Rappelé dans le sein de la convention, il fut nommé membre du comité du salut public, et, quelque temps après, la convention nationale l'envoya en mission dans la Hollande. Après la session conventionnelle, il entra au conseil des anciens ; le 3 avril 1796, le gouvernement directorial lui confia le portefeuille du ministère de la police générale ; c'est à son extrême vigilance que le gouvernement dut la découverte de la conspiration de Babœuf, qui devait éclater dans la capitale, dans la nuit du 11 mai suivant (22 floréal an IV) ; plus tard, en septembre de la même année, il déjoua la conspiration du camp de Grenelle, où les Jacobins, au nombre de 400, furent tous massacrés, conformément aux dispositions que, instruit de leur projet, il avait prises avec les chefs de la force armée.

Néanmoins, avant la journée du 18 fructidor, le directoire lui donna pour successeur, M. Lenoir-Laroche, et le ministre disgracié reprit sa place au conseil des anciens ; il se trouva enveloppé dans la proscription de cette journée, M. Cochon, plus tard comte de l'Apparent, fut seulement détenu à Oléron ; il recouvra sa liberté immédiatement après la chute du directoire. Le 12 ventôse an VIII (3 mars 1800), il fut nommé préfet de la Vienne ; il fut appelé à la préfecture des Deux-Nèthes (Anvers), le 10 thermidor an XIII (29 juillet 1805); il administra ce département jusqu'en 1809, époque à laquelle il entra au sénat sur la présentation du collége électoral d'Anvers. Vers la fin de 1813, il fut envoyé en mission dans la 20e division militaire, pour y prendre des mesures afin d'activer les moyens de défense dont la France avait besoin à cette époque. En avril 1814, il adhéra à la déchéance de l'empereur ; mais cependant il ne reçut aucun emploi du gouvernement royal. Napoléon ayant ressaisi le pouvoir, confia à M. le comte de l'Apparent, l'administration de l'importante préfecture de la Seine-Inférieure, où il fut remplacé par M. le comte de Kergariou, nommé par le roi le 2 août 1815. Obligé de sortir de France, en vertu de la loi du 12 janvier 1816, il se retira à Bruxelles, il y demeura jusqu'en 1821, époque de sa rentrée en France ; il mourut à Poitiers dans le mois de juillet 1825.

APPARENT (le vicomte Charles de l'), fils du précédent, occupa successivement, sous le gouvernement impérial, les fonctions d'auditeur au conseil-d'état, de sous-préfet d'Issoudun et de commissaire-général de police à Livourne.

En 1814, il revint à la sous-préfecture d'Issoudun, le 4 juin 1815: Napoléon le nomma préfet de l'Hérault. En 1816, il suivit son père à Bruxelles ; rentré avec lui en 1821, il vécut retiré à Poitiers, jusqu'en 1830, époque à laquelle le gouvernement de Louis-Philippe l'appela à la préfecture du Cher.

ARBAUD-JOUQUES (le marquis Joseph-Alexan-

dre-Charles-André d'), chevalier de St-Louis, commandeur de la Légion-d'Honneur, issu d'une ancienne
famille de Provence, émigra en 1791 et servit dans
l'armée de Condé. Il rentra en France sous le consulat, sollicita de l'emploi et on le nomma sous-
préfet de l'arrondissement d'Aix; plus tard il fut
créé baron de l'empire et chevalier de la Légion-
d'Honneur. Le 12 mars 1813 il devint préfet des
Hautes-Pyrénées; il se distingua dans ces nouvelles
fonctions par une administration sage, active,
éclairée, et par un grand dévoûment à la dynastie
impériale. Durant le cours de la même année, il fut
nommé officier de la Légion-d'Honneur et la voix
officieuse et officielle du *Moniteur* annonça que la
prévoyance et le zèle du préfet des Hautes-Pyrénées
étaient dignes des plus grands éloges. Ce magistrat,
flatté de cette marque éclatante de satisfaction, y
répondit par une proclamation énergique, et dans
laquelle on remarque le passage suivant qui a été
reproduit par tous les biographes : « Le soldat
» qui ne voit pas son aigle au-dessus de lui est un
» traître, un misérable. Un Anglais!!! Celui qui
» le recèle mérite la mort! sa maison doit être
» rasée! » Les événemens survenus en 1814 ap-
portèrent un notable changement dans la conduite
politique de M. d'Arbaud-Jouques, car il fut l'un
des premiers fonctionnaires qui se prononcèrent ouvertement pour le nouvel ordre des choses. Cependant, il ne pouvait convenablement rester dans le
département qui avait été témoin de son fanatisme
pour le colosse qui venait d'être renversé, il reçut
une destination nouvelle : le gouvernement royal
l'envoya administrer le département de la Cha-

rente - Inférieure. Napoléon , à son retour de l'île d'Elbe, lui donna pour successeur M. Boissy-d'Anglas. A la seconde restauration, M. d'Arbaud-Jouques fut nommé à la préfecture du Gard. Arrivé dans ce département, il le trouva dans un état de fermentation difficile à décrire ; embarrassé sur le choix de ses mesures administratives , il crut devoir prendre celles de la rigueur ; mais il fut trompé dans son attente : la ville de Nîmes devint le théâtre des scènes les plus sanglantes ; le général commandant le département, fut atteint d'un coup de pistolet qui le blessa grièvement, à la suite d'un mouvement populaire contre lequel l'autorité fut impuissante. Enfin, le département du Gard était tout en feu lorsque parut l'ordonnance royale du 16 février 1817, portant la révocation du préfet de Nîmes. Il demeura six ans dans la plus complète disgrâce ; le 2 janvier 1823 , sous le ministère Villèle , il devint préfet de la Côte-d'Or , et , en 1827 , il fut inscrit au tableau des conseillers d'état , en service extraordinaire. Le 16 octobre 1829 , il passa à la préfecture des Bouches-du-Rhône , qu'il administra jusqu'au mois de juillet 1830; depuis cette époque il est sans fonction.

ARBELLES (le chevalier André d') décoré de l'ordre royal de la Légion-d'Honneur , issu d'une ancienne famille du département de l'Ain , après avoir été secrétaire de M. de Clermont-Tonnerre, il émigra en 1791, servit dans l'armée de Condé jusqu'à son licenciement, et rentra en 1801. Il s'attacha au nouveau gouvernement et obtint l'emploi d'historiographe au ministère des affaires étrangères , qu'il a occupé jusqu'à la déchéance de Napoléon en 1814.

Le 17 juillet 1815, il devint préfet de la Mayenne, en récompense de quelques services rendus à la cause royale pendant les cent jours. Le 11 juin 1817, il fut remplacé dans sa préfecture par M. Paillot de Loynes, et nommé maître des requêtes en service extraordinaire, et chevalier de la Légion-d'Honneur. Sous le ministère Villèle, le 2 janvier 1823, il fut appelé à la préfecture de la Sarthe ; quoique dans des circonstances difficiles, ce magistrat était parvenu à réunir les esprits, divisés depuis long-temps dans ce pays. M. d'Arbelles commençait déjà à jouir du succès de sa paternelle administration, lorsqu'un événement bien déplorable vint l'enlever à ses administrés : ce magistrat se rendait à pied le 29 septembre 1825, à la caserne des chasseurs à cheval de la Côte-d'Or, où son excellence le ministre de la guerre avait mis pied à terre ; il fut renversé par un cheval fougueux que montait l'aide-de-camp du général commandant le département, il fut relevé à l'instant ; et, malgré les soins les plus empressés, il ne survécut que trois heures à ce funeste accident.

ARGOUT (le comte Appollinaire-Antoine-Joseph-Maurice d') pair, gouverneur de la banque de France, grand-officier de la Légion-d'Honneur, né à Vissilien (Isère), le 28 août 1782. Il débuta dans les fonctions publiques comme auditeur au conseil d'état et attaché en cette qualité à la direction des Droits-Réunis, à Anvers. Il fut nommé, par le gouvernement royal, en 1814, maître des requêtes en service extraordinaire ; après la seconde restauration, le 14 juillet 1815, il devint préfet des Basses-Pyrénées, où il déploya, durant le cours de son adminis-

tration , toute l'activité d'un fonctionnaire dévoué.
Plus tard, le 16 février 1817, il passa à la préfecture
du Gard; à peine arrivé à Nîmes , M. d'Argout
adressa à MM. les sous-préfets et maires de ce département une circulaire où l'on remarque le passage suivant : « Tous les bons Français rivalisent
» d'amour pour le roi, de vénération pour ses hau-
» tes vertus , d'attachement à son auguste famille et
» à la doctrine de la légitimité; ils savent que sans
» cette doctrine sacrée, il ne peut y avoir ni repos,
» ni bonheur pour la France , et que l'existence
» même de notre patrie est entièrement liée à la
» conservation de ce principe. » (*) M. d'Argout
resta deux ans à Nîmes ; pendant tout ce temps, il
s'occupa avec la plus constante sollicitude, à calmer
les haines et à rapprocher les opinions politiques et
religieuses qui, depuis 1814, divisaient les habitans
du Gard. Déjà , lorsque parut l'ordonnance royale
du 3 février 1819, il commençait à obtenir quelques
succès dans sa louable entreprise ; mais par l'effet
de cette ordonnance , il fut contraint de céder les
rênes de son administration à M. le baron d'Haussez,
son successeur. M. d'Argout , arrivé à Paris , fut
nommé conseiller-d'état en service ordinaire , et ,
le 5 mars 1819 , il obtint les honneurs de la pairie.
Depuis cette époque jusqu'au renversement du trône
Charles X , ce pair de France vota constamment
avec l'opposition constitutionnelle. Lors de la pro-
mulgation des ordonnances du 25 juillet 1830, uni à
son honorable collègue, M. de Semonville, il fit les
plus actives et les plus pressantes démarches , soit
auprès du roi Charles X , soit auprès du duc de Ra-

____

(*) *Moniteur*, année 1817 . 1er sem., pag. 327.

guse, pour arrêter l'effusion du sang et obtenir le
rapport des ordonnances ; il offrit même au duc de
Raguse de signer, en se portant fort pour la chambre
des pairs, l'ordre d'arrestation des ministres, si le
maréchal voulait l'exécuter. M. d'Argout avait pour
but la conservation de la légitimité qu'il avait tant
prônée treize ans auparavant, et pour laquelle il avait
la plus grande vénération. La victoire s'étant tournée en faveur du peuple, une nouvelle dynastie fut
élevée sur le pavois ; alors M. d'Argout laissa de
côté ses vieilles affections et s'attacha au nouvel
ordre des choses. Le 2 novembre 1830, Louis-Philippe lui confia le portefeuille de la marine, qu'il
remit à M. l'amiral de Rigny, le 13 mars 1831, pour
prendre possession du ministère du commerce et
des travaux publics. Le 25 décembre 1832, eut lieu
une modification ministérielle ; M. D'Argout devint
ministre de l'intérieur et des cultes ; mais la majorité
de ses collègues, craignant qu'il ne dirigeât pas bien
les élections de 1834, il fut remplacé par M. Thiers,
le 4 avril de la même année. A cette époque, il fut
appelé aux fonctions de gouverneur de la banque de
France, et il reçut la décoration de grand-officier de
la Légion-d'Honneur. Il rentra de nouveau au ministère, le 18 janvier 1836, chargé du portefeuille
des finances ; mais il en sortit le 6 septembre suivant. Après avoir remis son portefeuille à M. Du-
châtel, il reprit le poste qu'il avait quitté momentanément pour obéir à une puissante volonté.

ARNAULT (Lucien-Émile), fils aîné du célèbre
Arnault, connu par ses excellentes tragédies ; en 1809,
il fit partie du conseil-d'état, comme auditeur. En

1811, il fut nommé intendant à Trieste, d'où il fut appelé, en 1813, à la sous-préfecture de la Châtre. Vers la fin de la même année, il reçut la mission d'accompagner le sénateur Chasset dans la 3me division militaire, pour le seconder dans ses opérations ; la restauration le laissa sans fonction. En 1815, Napoléon lui confia la préfecture de l'Ardèche ; mais il fut destitué après le retour du roi. Rentré dans la vie privée, M. Arnault s'occupa de cultiver les belles-lettres ; il donna au Théâtre français plusieurs tragédies très-estimées, notamment Régulus, en 3 actes ; Pierre de Portugal, en 5 actes et Gustave-Adolphe, en 5 actes, qui furent accueillies par le public avec un enthousiasme signalé. Cet auteur tragique rentra de nouveau dans la carrière administrative : le 6 août 1830, il devint préfet de Saône-et-Loire ; le 22 janvier 1831, il fut appelé à la préfecture de la Meurthe, où il se trouve encore.

ARRIGHI-DUGALO (le baron Jean), officier de la Légion-d'Honneur, Corse de naissance, et, d'après quelques biographies, parent de Napoléon, fut élu, par ses concitoyens, député suppléant à la convention nationale ; il y prit séance vers la fin de 1794. Il obtint de l'assemblée un décret qui accorda des secours provisoires aux Corses réfugiés sur le continent, par suite des dissentions politiques. En 1795, il passa en conseil des cinq cents ; en 1800, il fut appelé, par le choix du sénat, au corps législatif. Le gouvernement consulaire le nomma, en 1803, préfet de Liamone, et, à la formation d'un seul département dans l'île de Corse, en 1811, M. Arrighi en devint le premier administrateur. Quelques mesures qui , sans doute, déplurent au gouvernement impérial , lui attirèrent sa disgrâce; il fut destitué le 14 mars 1814.

ARROS (le comte d') , officier de la Légion-d'Honneur, issu d'une ancienne famille du Béarn ; après la chute du gouvernement impérial , il fut successivement sous-préfet à Metz et à Thionville. Le 10 février 1819 , il devint préfet du Finistère, mais il ne fit pas un long séjour dans ce département, ayant été appelé le 19 juillet 1820, à la préfecture de l'Aveyron. Le 3 mars 1828, il devint préfet de la Meuse ; ce département commençait déjà à ressentir les effets de l'excellente administration de ce bon magistrat, lorsqu'il fut contraint de céder sa préfecture à M. le Baron de Caunan , en avril 1830 ; M. d'Arros fut réintégré dans ses fonctions par ordonnance royale du 5 août de la même année. D'après les renseignemens que nous avons recueillis, nous pouvons assurer que le département de la Meuse n'a jamais eu un meilleur préfet , sous tous les rapports.

ASSELIN , (le baron) , officier de la Légion-d'Honneur, fut présenté à l'empereur , le 22 mars 1812, comme député du collége électoral du département de Loir-et-Cher ; il fut ensuite maire de Blois. Le 22 août 1814, le gouvernement royal le nomma sous-préfet de Chartres, et , en 1816 , de Pithiviers , d'où il fut appelé à la préfecture des Hautes-Alpes , le 27 juin 1823. Il passa, le 18 juillet 1827 , à la préfecture de l'Aude , qu'il a administré jusqu'à la révolution de 1830. M. Asselin se trouve maintenant à Blois , sa ville natale , n'occupant aucune fonction publique.

AUBERJON (le marquis Antoine-Paul Serge d'), chevalier des ordres royaux de Saint-Louis et de la Légion - d'Honneur , issu d'une famille noble du Languedoc, est né à Limoux, le 12 décembre 1773, était officier de marine avant la révolution de 1789. La vie politique de M. le marquis , depuis cette époque jusqu'à la déchéance de l'empereur , nous est inconnue, seulement , le *Moniteur* de 1814 nous apprend qu'il était nommé chevalier de Saint-Louis. En 1821 , le collége départemental de l'Aude l'envoya à la chambre des députés ; il y fut réélu en 1824 , par le collége électoral de l'arrondissement de Castelnaudary. Durant le cours de ses fonctions législatives , il n'a pas fait beaucoup de bruit à la chambre, mais ses boules ont toujours été acquises au ministère , aussi , il a obtenu, à ce que prétend une biographie qui a paru en 1826, pour lui la décoration de la Légion-d'Honneur, et pour ses deux frères une sous-préfecture et une perception. Enfin , le 1er septembre 1824 , il devint préfet des Pyrénées-Orientales ; le 3 mars 1828 , il fut appelé à la préfecture de la Charente; mais le 12 novembre suivant il fut admis à faire valoir ses droits à la retraite. En 1829 , il reçut le titre de gentilhomme honoraire de la chambre du roi Charles X.

AUBERNON (Joseph - Victor) , officier de la Légion - d'Honneur , pair de France , conseiller-d'état , est né à Antibes (Var) , le 28 novembre 1783. Il suivit sous son père , commissaire ordonñateur en chef, la carrière de l'administration de la guerre; en 1804, à peine âgé de dix-neuf ans, il fut nommé commissaire de guerres adjoint; et, quatre ans après, commissaire des guerres; il remplit ses fonctions avec distinction dans les campagnes mémorables de la grande armée. En 1810 et 1811, il fut chargé de diverses missions financières dans plusieurs départemens de l'empire et dans la Hollande, comme auditeur au conseil-d'état; en 1812, il fut envoyé en mission diplomatique dans la Pologne autrichienne. M. Aubernon rentra en France vers la fin de 1813, et le 13 janvier 1814, il fut nommé préfet de l'Hérault, en récompense de ses services; le roi ayant apprécié sa conduite, conserva dans ses fonctions le préfet nommé par Napoléon. Dans les cent jours, il fut appelé à la préfecture de Tarn-et-Garonne, mais il n'accepta point; il revint à Paris où il fut pendant quelques années agent de change près la Bourse. Il est préfet de Seine-et-Oise depuis la révolution de 1830, et pair de France depuis le 12 octobre 1832.

A l'époque de sa nomination à la pairie, M. d'Aubernon fut charivarisé à Versailles; il parut à cette occasion un couplet fort spirituel; nous le transcrivons tel que nous l'avons reçu :

> « O bienheureux pays de France !
> » Où l'on rencontre un homme assez complet
> » Pour cumuler la triple chance
> » De conseiller, de pair et de préfet !
> » Conseiller d'état, sa science
> » Prépare et gonfle le budget ;
> » Pair, il le vote en conséquence,
> » Et puis enfin le dépense
> » En sa qualité de préfet. »

Cependant la renommée n'est pas ingrate envers

ce magistrat ; elle nous a appris que c'est un excellent administrateur, et qu'il est généralement aimé et estimé dans le département de Seine-et-Oise.

AUDERIC (Louis-Hercule d'), né d'une famille noble du Languedoc, fut nommé sous-préfet de Narbonne en 1814 ; il se tint à l'écart durant les cent jours. Il reprit ses fonctions après la seconde rentrée du roi, et fut appelé à la préfecture du Var, le 1er septembre 1824 ; il passa à celle des Basses-Alpes, le 12 novembre 1828. Sous le ministère Polignac, le 11 avril 1830, il céda sa place à M. de Croze, pour aller administrer le département de la Vendée. Là, la révolution de Juillet vint l'atteindre et mettre fin à sa carrière administrative.

AUVRAY (le comte Louis-Marie), maréchal-de-camp en retraite, officier de la Légion-d'Honneur, chevalier de Saint-Louis, naquit à Paris le 12 octobre 1762. Il fut successivement secrétaire de l'intendance de Paris et sous-officier aux gardes françaises. En 1790 il commandait une compagnie de la garde nationale parisienne soldée. En 1791, il devint chef de bataillon dans le 104e régiment d'infanterie, puis colonel du 40e de la même arme ; il fit en cette qualité, et avec distinction, les campagnes d'Italie, en 1796 et 1797. Un an après, victime d'un passe-droit, M. le colonel Auvray donna sa démission. Le 12 ventôse an viii (3 mars 1800), il fut nommé préfet de la Sarthe ; il s'y montra habile, prudent et sage administrateur, et se signala surtout par une austère probité ; néanmoins, il fut destitué le 12

mars 1813, et remplacé, non par M. Jules Pasquier,
comme le prétend la Biographie des hommes vivans,
mais par M. Derville-Maleschard. La destitution de
ce vertueux magistrat fut vivement sentie par ses
administrés, qui conservent encore le précieux souvenir de leur ancien et estimable préfet. En 1814,
le roi le nomma maréchal-de-camp et chevalier de
Saint-Louis, et fut admis à la retraite vers la fin
de 1815. Il est mort dans les environs de Tours,
le 12 novembre 1833, des suites d'une chute de
cabriolet.

AZEMAR (le baron Pierre-Melchior d'), issu
d'une famille noble du Languedoc, naquit au château
du Teillant, près de Nîmes, en 1740. Il fut détenu
comme suspect en 1793 et partie de l'année 1794 ;
la journée du 9 thermidor lui rendit la liberté. Après
avoir pendant plus de cinq années rempli les honorables fonctions de juge-de-paix de son canton, il
fut, en 1800, appelé à celle de sous-préfet de l'arrondissement d'Uzès. Le 31 mars 1806, le gouvernement impérial lui confia la préfecture du Var ;
mais au bout de cinq ans d'une administration labo-
rieuse, il se démit de ses fonctions et se retira à sa
campagne. Ce vénérable vieillard transforma son
vaste château en un hospice où tous les genres d'in-
fortune, trouvèrent d'abondans secours. M. le baron d'Azemar est mort depuis long-temps ; il laissa
toute la contrée qu'il habitait inconsolable de sa
perte et il fut vivement regretté de tous ceux qui,
l'ayant connu, avaient pu apprécier la noblesse de
ses sentimens, et surtout l'excellence de sa philan-
tropie.

BACOT DE ROMANS (le baron Claude-Réné), officier de la Légion-d'Honneur, né à Tours, le 12 janvier 1780 ; son père, riche négociant, lui fit donner une brillante éducation. La biographie des des hommes vivans nous apprend que, pour se perfectionner dans les sciences, il alla d'abord en Allemagne, et ensuite en Italie. Revenu en France, sous le gouvernement impérial, il fut nommé auditeur au conseil-d'état et sous-préfet de Tours ; il déploya dans l'exercice de ses fonctions le dévoûment le plus actif. Lors du retour de Napoléon, en 1815, M. Bacot abandonna sa sous-préfecture et se rendit secrétement à Paris. Cependant il aurait désiré conserver sa place de sous-préfet. Une biographie rapporte que : « N'ayant pas la force de donner franchement sa démission, ne voulant pas non plus servir Napoléon » tant que celui-ci ne serait pas assuré de sa couronne, M. Bacot se constitua malade, obtint un » congé sous prétexte d'aller prendre les eaux de » Bagnères-de-Luchon, et au lieu de partir pour les » Pyrénées, il vint à Paris, observer de plus près » la marche des évènemens. » Napoléon tomba, Louis XVIII remonta sur le trône ; et, le 12 juillet 1815, il fit M. Bacot préfet de Loir-et-Cher. Le 17 février 1816, il obtint, par une exception des plus rares, la préfecture de son pays natal ; mais ses fonctions n'y furent pas de longue durée, car, le 19 février 1817, il fut appelé à l'administration du département de Vaucluse. Ce magistrat, considérant cette mutation comme une disgrâce, ne se rendit point à sa nouvelle destination. Élu membre de la chambre des députés par ses compatriotes, il fit partie de la contre-opposition, et en était l'un des membres les plus influens. Sous le ministère Martignac, il quitta le côté droit pour aller siéger au centre ; il rentra en faveur et fut nommé directeur-général des contributions indirectes et conseiller d'état en service extraordinaire. Dans la session de 1830, il vota contre l'adresse, et, à la chûte du roi Charles X, il rentra dans la classe des simples citoyens.

BADOUIX (Barthélemy-Louis-Joseph), chevalier de la Légion-d'Honneur, né à Paris, en 1784 ; le *Moniteur*, dans sa partie officielle nous a annoncé qu'il a été nommé préfet de la Nièvre, le 22 janvier 1831. Il a éprouvé quelques tribulations, relativement à sa conduite en matière électorale. Quant à son administration départementale, nous avons appris qu'elle était dirigée de manière à satisfaire la majorité de ses administrés.

BAILLY (le baron Edme-Louis), naquit à Troyes, en octobre 1760 ; il était prêtre dans la congrégation de l'oratoire, et l'un des meilleurs professeurs du collége de Juilly, avant la première révolution. En 1790, il jeta le froc aux orties et se fit recevoir avocat au parlement de Paris. En 1792, il fut élu député à la convention nationale, par le département de Seine-et-Marne, dont il avait été administrateur ; lors du jugement de Louis XVI, ce conventionnel vota pour l'appel au peuple, le bannissement perpétuel deux ans après la paix et pour le sursis. En 1794, peu de temps après la chute de Robespierre, il fut en mission dans le département du Bas-Rhin, afin d'y réparer les maux que ce pays avait souffert sous le règne de la terreur. Rentré dans le sein de la convention , il exposa avec chaleur , tous les maux qui avaient accablé la ville de Strasbourg , sous la domination du terrorisme qu'il avait fait entièrement disparaître. Il fut ensuite nommé membre de comité de sûreté générale ; il s'opposa à l'arrestation demandée de tous les prêtres réfractaires. Dans la terrible journée du 1er prairial an III (20 mai 1795) , il présida pendant quelques heures la convention nationale ; il montra dans ce poste élevé le même courage et la même fermeté que déploya M. Boissy-d'Anglas , qui occupa le fauteuil de la présidence après lui. Le 3 messidor de la même année , lorsque une députation de la section du Muséum se présenta à la barre de la convention pour la féliciter de sa victoire sur les terroristes , et lui demander une constitution, M. Bailly , remplissant encore les honorables fonctions de président leur répondit en ces termes : « Citoyens , la convention nationale ferme » et invariable dans ses principes de justice et d'hu-» manité qu'elle n'a cessé de professer depuis qu'elle » a reconquis sa liberté , saura maintenir la républi-» que par une constitution sage, vigoureuse et vraî-» ment populaire. Ce ne sera pas la république de » Robespierre ; ce ne sera pas la république des dé-» cemvirs ; ce ne sera pas la république des dila-» pidateurs et des hommes de sang; mais ce sera un » gouvernement énergique qui garantira les droits » de tous les citoyens , et qui ne donnera pas à une » fraction du peuple le droit de s'insurger contre la » masse imposante du tout. Ce ne sera pas seule-» ment la république de Paris ; mais ce sera la répu-» blique assise également, sur tous les départemens ,

» parce que tous les départemens concourrent égale-
» ment à la maintenir et à la défendre. »

Après la session conventionnelle, il entra au conseil des cinq-cents ; il y plaida avec énergie la cause
des émigrés. Inscrit sur la liste des déportés au
18 fructidor (4 septembre 1797), M. Bailly en fut
rayé, sur la proposition de M. Malés, député de
la Corrèze, et reprit ses fonctions législatives.
En 1798, il fut réélu membre du conseil des cinq-
cents par le département de l'Aube ; il s'y montra
favorable à la journée du 18 brumaire. Le 12 ventôse
an VIII (3 mars 1800), il obtint la préfecture du
Lot : une administration sage, active et intelligente
lui valut l'estime et la considération de ses administrés ; mais par malheur, il se laissa tromper, on abusa
de son nom, et, quoiqu'il fut parvenu à se justifier, il
perdit sa place, en 1813. Il vivait retiré à Paris, avec sa
famille, lorsqu'il mourut, en 1819, des suites d'une
chute de voiture et après l'amputation du bras droit.

BALGUERIE (le baron), naquit à Bordeaux, fut
pendant quelques années président de l'administration
centrale du département de la Gironde. A la création
des préfectures, il obtint celle du Gers. Le 12 mars
1813, il fut remplacé par M. Jubé de la Parelle ; on attri-
bue sa disgrâce à quelques intrigues bureaucratiques.
Il est mort subitement à Bordeaux, le 16 juillet 1830.

BALSAC (le baron de), commandeur de la Légion-d'Honneur. Nous croyons qu'il est l'un des
descendans de M. Balsac, conseiller d'état et historiographe de France, sous le règne de Louis XIII ;
mais nous ignorons le lieu de sa naissance. Napoléon

le nomma auditeur au conseil-d'état et sous-préfet de Carpentras , où il était en 1814; le roi lui conserva ses fonctions. Napoléon le renvoya en avril 1815 ; mais il fut réintégré lors du retour du roi. Le 6 août 1817 , il obtint la préfecture de Tarn-et-Garonne , où il fit le bien , durant les cinq années de son séjour à Montauban. Le 23 mars 1822 , il fut remplacé par M. Limayrac, et envoyé à la préfecture de l'Oise ; le 27 juin 1823 , il passa à celle de la Moselle. Le 23 janvier 1828 , il fut nommé secrétaire général du ministère de l'intérieur et directeur de l'administration départementale. M. de Balsac était rentré dans la vie privée depuis la révolution de 1830 , mais les électeurs de Villefranche (Aveyron), le nommèrent membre de la chambre des députés en 1834.

BARANTE (Brugière de), issu d'une ancienne famille d'Auvergne , depuis long-temps distinguée dans les lettres et la magistrature , a été pendant quelques années , sous le directoire, administrateur du département du Puy-de-Dôme. Le 3 mars 1800 , il fut nommé préfet de l'Aude ; il passa à la préfecture de l'ancien département du Leman (Genève), où il mourut , en 1812. M. de Barante est auteur d'une géographie élémentaire estimée , et d'une introduction à l'étude des langues.

BARANTE (le baron Amable-Guillaume-Prosper Brugières de) , grand-officier de la Légion-d'Honneur, membre de l'académie française , pair de France , est né à Riom , département du Puy-de-Dôme , le 10 juin 1782. Il entra , encore fort

jeune , au conseil-d'état de l'empire , en qualité
d'auditeur. Le 12 février 1809, après avoir été pendant quelques temps sous-préfet de Bressuire , il
obtint la préfecture de la Vendée; le 12 mars 1813,
il devint préfet de la Loire-Inférieure , à titre d'a-
vancement. M. de Barante fut conservé dans ses
fonctions par le roi , en 1814 ; lors du retour de
Napoléon , en 1815 , il envoya sa démission et se
mit à la disposition du duc de Bourbon , qui avait
été nommé gouverneur des départemens de l'Ouest,
afin d'y organiser un foyer de résistance contre l'empereur. Les efforts de S. A. R. ayant été infructueux,
par suite de la marche rapide de ce monarque , et
de la défection des troupes , M. de Barante se tint
à l'écart durant les cent jours , sans cependant cesser de faire des démarches occultes, dans l'intérêt
de la cause royale ; ce dévoûment fut récompensé:
au retour du roi , il fut nommé conseiller-d'état et
secrétaire - général du ministère de l'intérieur ; le
portefeuille de ce ministère lui fut confié jusqu'à
l'arrivée de M. de Vaublanc , nommé ministre. Peu
de temps après, il remplaça M. Berenger , dans la
direction générale des contributions indirectes , et,
le 5 mars 1819, il fut créé pair de France. En 1820,
ce noble pair fut remplacé dans ses fonctions de directeur - général , par M. Benoist ; plus tard , sa
seigneurie fut pourvue d'une haute fonction diplomatique : celle d'ambassadeur de France près la
cour de Copenhague. Il se trouve maintenant en
cette même qualité à St-Pétersbourg. M. de Barante,
comme littérateur, s'est fait remarquer par plusieurs
ouvrages fort estimés ; comme administrateur, sa
conduite a été , sous tous les rapports , digne des

plus grands éloges ; comme pair , elle est des plus
honorables : il s'est montré constamment le défenseur de nos libertés publiques ; enfin , comme homme
privé , il est doué de la politesse la plus rare dans
ses manières et dans ses entretiens ; une biographie
rapporte que M. le baron de Barante possède à un
plus haut degré l'art de glisser un refus sans déso-
bliger la personne à qui il s'adresse.

BARRAL (le vicomte André-Horace-François de),
maréchal-de-camp en retraite, officier de la Légion-
d'Honneur, naquit à Grenoble, le 1er août 1743 ,
issu d'une ancienne famille du parlement de cette
ville , et frère aîné de M. le comte de Barral , pair
de France et archevêque de Tours , mort subitement à Paris , d'une attaque d'apoplexie , le 7
juin 1806. Il entra fort jeune dans la carrière des
armes , en qualité de sous-lieutenant dans un régiment de dragons, et fit les quatre dernières campagnes de la guerre de sept ans. En 1763 , il obtint
une compagnie au régiment de cavalerie royal Navarre ; en 1774 , il devint colonel des dragons de
Noailles. En 1782 , il suivit le général Lafayette , en
qualité d'aide-maréchal-des-logis des armées passées
en Espagne , dans l'objet d'aller attaquer les Anglais
à la Jamaïque ; cette expédition n'eut pas lieu ,
M. de Barral rentra en France , et se retira dans
ses foyers. Les hostilités ayant recommencées ,
en 1788 , il rentra dans l'armée active , et, en 1791 ,
il fut promu an grade de maréchal-de-camp ; il fut
employé successivement , dans l'espace de moins
d'une année , aux corps d'armées des Alpes , de
Nice et de l'Ouest. Cet officier-général crut s'aper-

cevoir que le gouvernement ombrageux se méfiait de ses services, il donna sa démission et émigra. De retour dans sa patrie, sous le consulat, il fut nommé préfet du Cher, le 22 ventôse an XIII, (13 mars 1805); mais un décret impérial du 12 mars 1813, lui donna pour successeur dans sa préfecture, M. le baron Didelot. Cependant M. de Barral a laissé d'honorables souvenirs dans ce département. Lors de l'invasion de la France, en 1814, ce général, quoique vieux et infirme, retrouvant dans cette occasion toute l'activité de sa première jeunesse, se mit à la tête des volontaires et gardes nationaux de l'Isère, pour s'opposer à l'entrée des Autrichiens dans ce pays ; mais toute résistance étant devenue inutile, il remit l'épée dans son fourreau. Depuis cette époque, il n'a plus reparu sur la scène politique. Il est mort le 13 août 1829; il avait profité de ses loisirs durant son administration à Bourges, pour faire des recherches sur les antiquités du Berry, et il s'occupait de les mettre en ordre lorsque la mort vint le surprendre.

BARRIN, officier de Légion-d'Honneur, auditeur au conseil-d'état et sous-préfet de Corbeil et de Castres, sous le gouvernement impérial. Le 10 juin 1814, le roi le nomma préfet de la Lozère ; dans la même année il fut fait successivement chevalier et officier de la Légion-d'Honneur. Il fut dépossédé de sa préfecture au retour de Napoléon de l'île d'Elbe ; mais il reprit l'exercice de ses fonctions immédiatement après la seconde rentrée du roi. Le 19 février 1816, il fut appelé à la préfecture de la Haute-Vienne, où il fut remplacé par M. de Casteja, le 19 janvier

1819, sous le ministère de M. Decazes. Depuis sa disgrâce, M. Barrin n'a point figuré sur l'Almanach royal.

BART (Célestin), chevalier de la Légion-d'Honneur, né en 1799, dans les environs de Toulouse; il fit son cours de droit à la faculté de cette ville, et y était avocat stagiaire lorsque la révolution de Juillet éclata. Ce jeune avocat se distingua, à cette époque, par une conduite énergique, et par un enthousiasme le plus vif; immédiatement après cette révolution, le nouveau gouvernement l'appela aux fonctions de sous-préfet de Saint-Gaudens.

M. Bart, devenu fonctionnaire, devint aussi plus réservé dans ses opinions politiques; il fit tous ses efforts pour acquérir et conserver la confiance des gouvernans qui se sont succédés tour à tour. Et enfin, il est parvenu à obtenir l'administration de la préfecture des Hautes-Pyrenées le 20 janvier 1838, en remplacement de M. Segur-d'Aguesseau brutalement destitué.

BARTHELEMY (Félix), officier de la Légion-d'Honneur, était sous-préfet sous la restauration qui l'avait décoré de la Légion-d'Honneur, le 13 novembre 1814; il avait débuté dans la carrière administrative, sous le règne de Napoléon, comme auditeur au conseil-d'état; le 9 septembre 1811 il obtint la sous-préfecture de Lunebourg, dans l'ancien département des Bouches-de-l'Elbe. Au commencement du règne de Louis-Philippe, le 10 août 1830, il devint préfet de Maine-et-Loire, et conseiller-d'état en service extraordinaire, le 31 octobre 1831.

Dans le mois de mai 1832, M. Barthelemy partit d'Angers à la tête de 300 volontaires pour aller combattre les Chouans dans l'arrondissement de Ségré. Honneur à son courage et à son patriotisme ! Il fut appelé à la préfecture de Saône-et-Loire, le 17 janvier 1834, et à celle de la Haute-Saône, le 20 octobre 1838.

BARENNES (de), officier de la Légion-d'Honneur, premier président de la cour royale de Grenoble, fils de M. de Barennes, ancien législateur ; était avocat et conseiller de préfecture à Bordeaux, sa ville natale, avant la révolution de Juillet ; à cette époque, il fut chargé de l'intérim de l'administration, en remplacement de M. de Curzai. Le 13 août 1830, il fut nommé préfet de la Haute-Garonne ; le 12 novembre 1835, il fut remplacé dans ses fonctions par M. Bégé et appelé à celles de conseiller d'état en service extraordinaire, avec participation aux travaux du conseil. Enfin, le 13 juillet 1836, il devint premier président de la cour royale de Grenoble.

BASSET DE CHATEAUBOURG (le baron), chevalier de la Légion-d'Honneur, a été d'abord auditeur au conseil-d'état et chargé, en cette qualité, de plusieurs missions importantes qu'il remplit avec distinction. Il fut ensuite nommé sous-préfet de Corbeil, et, le 12 mars 1813, il devint préfet de la Vendée ; il occupa ce poste très-peu de temps, la chûte de l'empereur amena la sienne ; il fut remplacé par M. Fremin de Beaumont, le 14 juin 1814. M. de Chateaubourg reparut durant les cent jours, sur la scène politique, comme préfet de l'Oise ; en

1832, il fut nommé membre du conseil général du département des Pyrenées-Orientales. Nous ignorons si ses compatriotes lui ont continué ces fonctions, ou si le gouvernement de Louis-Philippe l'a appelé à d'autre emploi.

BASTARD DE LESTANG (le baron Armand), officier de la Légion-d'Honneur, né à Nougaro, département du Gers, en 1787 ; frère de M. le vicomte Bastard, vice-président de la chambre des pairs. En 1810, il fut nommé auditeur au conseil-d'état ; le 24 août 1814, il obtint l'emploi de maître des requêtes en service extraordinaire ; il n'occupa aucune fonction publique durant les cent jours ; après le second retour du roi, il devint commissaire-général de police à Grenoble. Lors des troubles qui eurent lieu dans cette ville, M. Bastard déploya une activité étonnante et une fermeté rare ; aussi pour récompense il fut créé baron et décoré de la Légion-d'Honneur ; le 2 juillet 1817, il fut appelé à la préfecture de la Haute-Loire, où il demeura onze ans. Le 12 novembre 1828, le gouvernement lui confia l'administration du département du Cher, préfecture plus importante que la précédente. La révolution de Juillet mit fin à sa carrière administrative. M. le baron habite maintenant la capitale.

BAUDE (le baron), officier de la Légion-d'Honneur, était sous-préfet de Tournon, lorsque, le 24 mars 1809, il fut nommé préfet du Tarn ; le 10 juin 1814, il fut remplacé par M. de Wisme. Resté sans emploi sous le gouvernement royal, il fut appelé en avril 1815 à la préfecture de l'Ain. Mais les efforts réunis

de l'Europe coalisée , ayant renversé pour la 2ᵉ fois
la puissance de Napoléon, M. Baude fut destitué et
eut pour successeur M. Camus-Dumartroy. Il vécut
loin des fonctions publiques pendant toute la durée
du règne de la branche aînée des Bourbons ; mais
cette dynastie ayant été remplacée par la branche
cadette, il devint successivement préfet de la Manche, secrétaire général au ministère de l'intérieur,
préfet de police et conseiller d'état en service ordinaire. M. Baude, membre de la chambre des députés, nommé par les électeurs de l'arrondissement
de Roanne (Loire), y parut avec un caractère faible,
indécis, ne pouvant embrasser aucun parti, et cherchant un milieu entre le juste-milieu et le patriotisme.
Cependant à la session de 1832, il se fixa dans les
rangs de l'opposition : aussi, le 6 mars 1833, parut
une ordonnance royale portant que M. Baude cessait
de faire partie du conseil d'état; sa disgrâce n'eut
pas une longue durée, il fut réintégré quelque temps
après. En 1836, le gouvernement l'envoya à Alger,
avec les fonctions de commissaire extraordinaire,
et fit, en cette qualité, partie de la première expédition de Constantine ; il rentra en France vers le
commencement du mois de janvier 1837, et se retira dans le sein de sa famille à Roanne, assez gra-
vement indisposé par suite des fatigues, des priva-
tions et du froid qu'il eut à souffrir dans cette
malheureuse expédition. M. Baude, rétabli de ses
fatigues, rentra à la chambre des députés, abandonna le parti de l'opposition pour embrasser la
cause ministérielle. Dans la session de 1839, on le
compte au nombre des 221.

Il est membre du conseil général de la Loire.

BAUMES, chevalier de la Légion-d'Honneur, né à Lunel (Hérault), le 10 juillet 1786. Il était auditeur au conseil-d'état et subdélégué dans la Carinthie avant la restauration ; à cette époque il fut nommé sous-préfet de Tonnerre (Yonne). Plus tard, il quitta ce poste pour aller remplir les fonctions de conseiller de préfecture du département de la Seine ; le 3 mars 1828, il devint préfet du Lot. Le 2 janvier 1830, il passa à la préfecture de Lot-et-Garonne, qu'il administra jusqu'au mois d'août suivant, époque à laquelle il fut révoqué par le gouvernement de Louis-Philippe. Néanmoins plus tard, ce même gouvernement l'appela successivement aux fonctions de maître des requêtes et de conseiller d'état en service extraordinaire avec participation aux travaux des comités. M. Baumes jouit, à juste titre, de la réputation d'un homme doué d'une austère probité. Il a laissé d'honorables souvenirs dans le département du Lot, où il était généralement estimé.

BEAUMONT (le comte Armand de), chevalier de Saint-Louis et de la Légion-d'Honneur, débuta dans la carrière administrative sous le règne de Louis XVIII : en février 1815, il fut nommé sous-préfet de Vendôme ; en avril suivant, il donna sa démission, ne voulant point être le fonctionnaire de Napoléon. Après la seconde rentrée du roi, il reprit ses fonctions et s'opposa avec fermeté aux exigences des Prussiens, alors cantonnés dans son arrondissement. Le 1er septembre 1824, il devint préfet de l'Aude ; à cette époque il était membre de la chambre des députés, et y siégeait et votait avec la phalange ministérielle. Mais, plus tard, il se rangea du côté de la minorité , aussi le ministère piqué de ce changement si subit ; fit voyager M. de Beaumont, qui se trouvait parfaitement bien à Carcassonne : le 18 juillet 1827, il fut appelé à la préfecture des Hautes-Alpes : le 3 mars 1828, il passa à celle des Deux-Sèvres. Le 1er novembre 1829, il devint préfet du Doubs, mais ayant voté comme député en faveur de l'adresse , il fut destitué le 2 avril 1830, et remplacé par M. de Calvière. Après la révolution de Juillet, le gouvernement de Louis-Philippe l'appela à la préfecture des Basses-Pyrénées ; le 12 juin 1832, M. Leroi fut nommé pour lui succéder. Nous ignorons si M. de Beaumont s'est retiré dans la Touraine , son pays natal.

BEAUMONT (le vicomte de) , membre de la chambre des deputés , archiviste d'une division militaire lorsque le 27 janvier 1828 , il obtint la préfecture de Tarn-et-Garonne ; un mois après il reçut le titre de conseiller d'état en service extraordinaire. Le 12 novembre même année , il fut appelé à la préfecture d'Indre-et-Loire. Depuis le 1er novembre 1829 , époque de sa révocation , il n'a plus été question de M. le vicomte.

BEGÉ (Achille) , né à Paris , nous ignorons l'époque , était maître des requêtes au conseil d'état et adjoint à la mairie du 2e arrondissement depuis la révolution de 1830. Le 14 février 1832 , il fut nommé préfet des Pyrénées-Orientales. Deux ordonnances successives ; l'une du 17 mars et l'autre du 8 avril 1833, l'appelèrent aux préfectures de la haute-Marne et de l'Hérault ; il fut prendre possession de celle de

Montpellier. Le 12 novembre 1835, il passa à la préfecture de la Haute-Garonne ; il céda sa place à M. Onfroy de Breville, nommé préfet de ce département, pour aller à Evreux (Eure), remplacer M. Passy, démissionnaire (juillet 1837). M. Bégé a été rappelé à la préfecture de l'Hérault le 20 octobre 1838.

BELDERBURSCH (le comte Charles-Léopold de), commandeur de la Légion-d'Honneur, originaire d'une famille noble d'Allemagne, naquit en 1749, dans le duché de Limbourg, était, avant la révolution de 1789, président de la régence de Cologne ; ensuite il fut accrédité près de la cour de France comme ministre plénipotentiaire de l'électeur. Il fut disgrâcié, néanmoins il continua d'habiter Paris jusqu'à la première révolution ; dès lors il quitta cette capitale pour se réfugier dans sa patrie, et fut porté sur la liste des émigrés comme Français. Après la réunion de la Belgique à la France, il revint à Paris, et parvint à obtenir sa radiation. Le 23 germinal an X (13 avril 1802), il fut appelé à la préfecture de l'Oise, où il déploya une prodigieuse activité pour le soulagement de la classe malheureuse : des comités de bienfaisance furent établis par ses soins dans tous les chefs-lieux de canton de ce département, et, par ce moyen, il parvint à détruire la mendicité, qui depuis long-temps affligeait ce pays ; il mit aussi le plus grand zèle à activer les travaux des routes départementales et communales ; enfin, toute sa conduite administrative fut digne des plus grands éloges. Peu de préfets ont mieux compris que lui l'étendue et l'importance de leurs

attributions. Le 15 février 1810, il fut appelé au sénat conservateur, et nommé commmandeur de la
Légion-d'Honneur ; le 1er avril 1814, il vota la création du gouvernement provisoire et la déchéance de
Napoléon ; le 24 décembre de la même année, le
roi lui conféra les lettres de grande naturalisation et
le créa pair de France ; il se tint à l'écart pendant
les cent jours et reprit sa place à la chambre des pairs
après le second retour des Bourbons ; il vota la
mort du maréchal Ney. Durant le cours de sa carrière parlementaire, il a toujours compté au nombre
des défenseurs de l'autel et du trône. M. le comte
de Belderbursch est mort à Paris d'une fluxion de
poitrine, le 22 janvier 1836.

BELLEVILLE (le baron Redon de), commandeur de la Légion - d'Honneur, naquit à Thouars
(Deux-Sèvres) en 1749, après avoir reçu une éducation soignée, il se rendit à Paris pour y suivre le
cours de la faculté de médecine ; mais il les abandonna bientôt pour se livrer à l'étude de la jurisprudence ; il prit ses grades et fut pendant quelque
temps secrétaire particulier du contrôleur-général des
finances (Turgot). Il fut ensuite placé dans les domaines. En 1783, un puissant personnage, dont il avait
blessé les prétentions et l'orgueil, obtint contre
lui une lettre de cachet : pour en éviter l'effet, M. de
Belleville se réfugia en Toscane ; il y fut très-bien
accueilli par le grand-duc qui, inutilement voulut se
l'attacher à son service ; il refusa tous les emplois
qui lui furent offerts par S. A. et chercha tous les
moyens afin de rentrer dans sa patrie. Vers la fin de
1790, comblé des bienfaits du grand-duc, il quitta

Florence ; la felouque sur laquelle il s'était embarqué fit naufrage, il perdit tout ce qu'il possédait. Par suite de ce malheureux événement, il s'arrêta à Gênes : la famille Cambiaso qui venait d'acquérir des propriétés immenses en Normandie, ayant besoin d'un régisseur habile, M. de Belleville fut pourvu de cet emploi. Rentré en France, il s'occupa exclusivement des intérêts qui lui avaient été confiés par cette opulente famille.

En 1793, la Convention nationale le chargea d'une mission importante près le roi de Naples, il s'en acquitta de la manière la plus satisfaisante ; de retour à Paris, il fut renvoyé en mission vers la république de Vénise, et le Saint-Siège. Le sénat vénitien ne voulut point le recevoir, et le souverain pontife Pie VI, refusa d'admettre ses propositions. Revenu de nouveau à Paris, il reçut l'importante mission d'organiser des ateliers d'armes dans le midi de la France ; il ne peut parvenir qu'à la formation d'un seul, à Avignon ; déjà cet atelier commençait à prospérer, grâce à sa vigilance et à ses soins, lorsqu'il fut accusé d'aristocratie, arrêté et conduit dans les prisons de Valence (Isère). M. de Montalivet, ancien ministre de Napoléon, alors maire de cette ville, s'intéressa au sort du malheureux prisonnier et obtint sa mise en liberté.

Vers la fin de 1795, il fut nommé consul-général à Libourne ; en 1797, il passa au consulat de Gênes ; la veille du blocus de cette ville, il en sortit pour aller donner des renseignemens positifs au gouvernement sur la situation du général Massena. Le but de son voyage rempli, M. de Belleville rejoignit le général Suchet au pont du Var, pour essayer de rentrer dans Gênes, où il avait laissé sa famille. Il fut ensuite nommé successivement commissaire des relations commerciales à Livourne et à Madrid, d'où il fut rappelé sur ses instances. La biographie des contemporains rapporte que : « M. de Belleville » était familièrement reçu par le premier consul et » sa famille. Un jour qu'il était à la Malmaison, » Napoléon lui demanda brusquement, après quel- » ques questions sur la situation de l'Espagne : Que » dit-on de moi à Madrid ? — On dit, répondit » M. de Belleville, que vous préparez un trône, et » que vous allez revêtir les ornemens de la royauté. » — Eh ! que pensez-vous de ce projet ? — Je pense » que Washington n'a pas eu besoin de recourir aux » vains prestiges d'une couronne, et que le premier » des citoyens pourrait se dégrader en devenant le der- » nier des monarques. » Le premier consul sourit et ne parut point offensé, ajoute la même biographie. Le 5 ventôse an XII (25 février 1804), il obtint la préfecture de la Loire-Inférieure ; quelques mois après, il fut créé baron de l'empire et nommé commandant de la Légion-d'Honneur. Son application aux affaires, ses manières affables et son amour pour la justice lui concilièrent la bienveillance du souverain et l'estime générale de ses administrés ; en 1807, il devint intendant-général du Hanovre. Après avoir remis la possession de ce pays au roi Jérôme, frère de l'empereur, il revint en France en 1810, et entra au conseil d'état comme maître des requêtes ; il ne tarda pas d'être envoyé dans les provinces Illyriennes, à la résidence de Laybach, en qualité d'intendant-général de cette province. En 1813, il fut remplacé par M. Chabrol de Crouzol, et appelé aux fonctions d'administrateur des postes qu'il conserva jusqu'en 1816. M. de Belleville se retira dans les environs de Versailles, où il mourut le 10 août 1820.

BELLOC, était membre du conseil général du département de l'Hérault, son pays, lorsque, le 11 brumaire an X (2 novembre 1801), il devint préfet du Cher : il fut remplacé par M. Barral, le 22 ventôse an XIII (13 mars 1805). Depuis cette époque, il n'a plus reparu sur l'horizon préfectoral.

BELLON, chevalier de la Légion-d'Honneur, débuta dans la carrière administrative, immédiatement après la révolution de 1830, par la sous-préfecture de Pontoise. Le 8 juin 1832, poussé par la faveur ministérielle, il devint préfet de l'Ain ; mais, soit caprice du pouvoir, soit par quelques fausses mesures de sa part, M. Bellon fut révoqué le 14 juillet 1833. Néanmoins, après une année de disgrâce, il obtint, le 21 septembre 1834, la préfecture de Vaucluse, d'où il passa, le 12 juillet 1836, à celle de l'Oise. Le 20 octobre 1838, nouvelle vicissitude ; il a été remplacé à Beauvais par M. Germeau, préfet de la Haute-Vienne ; et, pour fiche de consolation, il a été appelé au conseil d'état, comme maître des requêtes en service ordinaire, le 24 du même mois.

BELZAIS-COURMENIL (Nicolas-Bernard-Joachim-Jean), naquit dans le département de l'Orne, en 1747 ; après avoir terminé ses cours de droit, il fut reçu avocat et devint procureur syndic à Argentan. En 1789, il fut élu par ses concitoyens député aux états-généraux, et c'est sur sa proposition qu'il fut décrété que l'écu tournois serait divisé en partie décimale, et que l'empreinte des monnaies serait changée. Après la session de cette assemblée, c'est-à-dire, en 1791, il rentra dans ses foyers, où il reprit l'exercice de sa profession d'avocat; plus tard, il fut nommé maire d'Argentan. En 1797, il entra au conseil des cinq-cents; il passa ensuite au corps législatif formé après le 18 brumaire. Le 30 fructidor an X (17 septembre 1802), ce législateur fut appelé à la préfecture de l'Aisne, où il porta son expérience éclairée en agriculture. Il mourut à Laôn, le 26 août 1804. Le *Moniteur* de l'époque nous apprend que ce magistrat laissa de vifs regrets aux habitans du département de l'Aisne, dont il s'était concilié l'estime et l'affection par la douceur et la simplicité de ses mœurs, par son exacte impartialité, par une probité religieuse, par la plus constante assiduité au travail, par des lumières et des connaissances que peu d'hommes réunissent au même dégré.

BERGONIÉ (Alexandre-Martin), né à Agen (Lot-et-Garonne), en 1784, fut d'abord auditeur au conseil d'état, puis inspecteur des hôpitaux militaires. Vers le commencement de l'année 1812, il fit partie de la commission de la revision des actes de l'administration militaire en Catalogne, et dans le mois d'août de la même année, il fut appelé au quartier-général de la grande armée avec laquelle il fut à Moscou. Rentré en France, après les malheureux désastres de cette campagne, il obtint, en récompense de ses services, la préfecture du Jura, qu'il administra jusqu'au mois d'octobre 1814. Il fut

préfet de la Haute-Loire durant les cent jours. Le
15 septembre 1819, il a été nommé avocat-général
à la cour royale d'Agen. Plus tard, il est devenu l'un
des présidens de chambre près cette même cour.

BERNARD (Joseph), quoique jeune, est déjà
connu par des ouvrages très-estimés et par des talens administratifs peu communs ; il fut nommé
préfet des Basses-Alpes, le 10 août 1830, d'où il
passa à la préfecture du Var, son pays natal, le
22 janvier 1831 ; mais il fut destitué peu de temps
après. Nommé député par l'arrondissement électoral
de Toulon, M. Bernard fut s'asseoir sur les bancs
de l'opposition libérale ; un des discours les plus
remarquables de la session de 1831, fut celui que
ce député prononça dans la séance du 23 novembre,
sur les réformes du Code pénal ; il reprocha au projet de loi un défaut de justice dans la gradation des
peines, et entra à cet égard dans des réflexions morales, pleines d'humanité et de compassion pour les
coupables ; il repoussa la loi comme admettant pour
la pénalité un principe funeste. M. Bernard, durant
le cours de sa carrière législative, a constamment
voté contre le ministère.

BERTHIER DE SAUVIGNY (le comte de),
commandeur de la Légion-d'Honneur, petit-fils de
M. Foulon, et fils de M. Berthier, ancien intendant
de Paris, tous deux impitoyablement massacrés le
23 juillet 1789. Il émigra avant la mort de Louis XVI,
et fit toutes les campagnes dans les armées des princes. Le 13 novembre 1815, il obtint la préfecture
du Calvados ; le 17 octobre de l'année suivante, il

fut appelé à celle de l'Isère , où il fut remplacé par
M. Choppin-d'Arnonville , le 27 août 1817 , et
nommé conseiller d'état en service ordinaire. Le
15 octobre 1829 , il devint directeur général des
eaux-et-forêts , et ministre d'état le 19 mai 1830. Il
est rentré dans la vie privée depuis la chute de
Charles X. M. Berthier de Sauvigny a fait partie de
la chambre septennale ; il se montra l'un des plus
chauds partisans de la loi sur l'indemnité des émigrés et de celle du sacrilège. Il prononça à ces deux
sujets , deux discours fort étendus et qui se trouvent
consignés dans les colonnes du *Moniteur* de 1825 ,
1er semestre.

BESSIÈRES (Geraud-Pierre-Henri-Julien) , pair
de France , conseiller-maître à la cour des comptes ,
membre du conseil général de la Dordogne , commandeur de la Légion-d'Honneur , est né à Gramat , petite
ville du département du Lot, le 30 juillet 1777 ; son
père, riche négociant, lui fit donner une éducation
soignée. A peine sorti des écoles , il eut l'insigne faveur
de faire partie de l'expédition d'Egypte , comme savant ; il ne tarda pas à s'y faire remarquer par ses
talens ; le général en chef Bonaparte , l'employa utilement. Revenant en Europe , embarqué sur une
tartane livournaise, il tomba entre les mains d'un
corsaire de Tripoli de Barbarie ; il fut dépouillé de
tout ce qu'il possédait , et conduit au pacha de
Janina , qui le retint esclave. M. Bessières parvint
cependant à s'affranchir de la captivité qu'il souffrait
depuis deux ans ; il quitta furtivement Janina , et
parvint , sans aucun accident , à débarquer à Corfou.
Arrivé dans cette ville , il se croyait dans une par-

faite sécurité; mais loin de là. Il ne tarda pas à être instruit que des soldats Albanais étaient à sa recherche pour l'arrêter et le reconduire à Janina. Sur ces entrefaites, M. Bessières fut se placer sous la protection et la sauve-garde de l'agent commercial de Russie. Celui-ci, afin de sauver sa responsabilité, prit le parti de faire conduire son protégé à bord d'une frégate de sa nation, qui était mouillée dans le port. Quinze jours après, on le fit passer à la citadelle, d'où il sortit, au bout d'un certain temps, pour être transféré à Constantinople, où il fut remis à la disposition du capoudan-pacha, qui l'envoya à la maison d'arrêt de Péra. Peu de jours après, les portes de sa prison s'ouvrirent, et, par l'intervention de l'ambassadeur anglais, il obtint ses passeports pour retourner en France. En septembre 1805, le gouvernement le chargea d'une mission diplomatique auprès de ce même pacha, qui l'avait retenu esclave pendant deux ans ; il fut très-bien accueilli. De retour de sa mission, il devint consul-général à Venise. En 1809, il passa en Espagne comme intendant général de la Navarre ; en 1813, il obtint la préfecture du Gers, et le 15 juillet 1814, le gouvernement du roi l'appela à la préfecture de l'Aveyron. Pendant les cent jours il administra le département de l'Ariège. Depuis le second retour du roi, il n'a plus occupé de préfecture ; mais il a été employé dans des comités de liquidations.

En 1828, sous le ministère Martignac, M. Bessières, alors membre de la chambre des députés, reçut la croix d'officier de la Légion-d'Honneur ; le 13 mai 1829, il fut nommé conseiller-maître à la cour des comptes. Comme député, M. Bessières

siégeait au centre gauche et votait avec l'opposition,
sous le ministère Villèle ; mais il vota ministériellement sous Martignac. Il rentra dans les rangs de
l'opposition à l'avènement du ministère Polignac.
Depuis la révolution de 1830, il a constamment voté
avec les centres ; tout récemment, il accueillit très-
favorablement les lois d'intimidation et le projet de
loi de disjonction. Le 29 avril 1836, la croix de
commandeur de la Légion-d'Honneur, lui fut confé-
rée. Enfin, le 3 octobre 1837, il a cessé d'être
membre de la chambre élective, et a été appelé à
la chambre aristocratique.

BESSON, naquit à Dijon, son père était l'un des
administrateurs des diligences, il fut auditeur au
conseil d'état de l'empereur. Sous les deux restau-
rations, il a été successivement secrétaire général
de la préfecture de la Seine, maître des requêtes
honoraire, puis en service extraordinaire, et capitaine d'état-major de la garde nationale parisienne.
Après la révolution de 1830, il fut nommé sous-
préfet d'Issoudun ; le 11 mars 1831, il devint préfet
de la Charente ; il ne fit que passer à cette préfecture,
il eut pour successeur M. Larregui, le 14 mai 1831.
M. Besson revint à Paris, où il habitait depuis long-
temps, et y mourut, le 8 avril 1832, victime du
choléra, qui, à cette époque exerçait les plus grands
ravages dans cette capitale.

BEUGNOT (le comte Claude-Jacques), grand-
croix de la Légion-d'Honneur, naquit à Bar-sur-
Aube, en 1756, d'une famille de robe ; il avait fait
d'assez bonnes études au collége du Plessis, où il

s'était lié avec le jeune Fronsac, depuis duc de
Richelieu, président du conseil des ministres, sous
Louis XVIII, de 1815 à 1818, et mort à Paris, le
17 mai 1822. Après avoir fait son cours de droit, il
revint à Bar-sur-Aube, où il occupa pendant quelques années les fonctions de lieutenant-général au
présidial de cette ville. En 1789, il embrassa avec
modération le parti de la révolution. D'abord procureur général syndic du département de l'Aube, il
fut nommé en 1791, député de ce département à
l'assemblée législative ; le 18 mai 1792, il en devint
l'un des secrétaires. Il se retira et ne reparut plus à
à l'assemblée après la séance du 10 août, époque à
laquelle la déchéance du roi fut décrétée. En 1793,
il fut arrêté par ordre du comité du salut public et
conduit à la Conciergerie de Paris. Quelques circonstances, heureuses pour lui, retardèrent son
jugement, il parvint à se faire transférer de la Conciergerie à la Force, et il y fut oublié jusqu'au 9 thermidor, époque où il recouvra sa liberté ; M. Beugnot
est resté entièrement étranger aux affaires publiques
jusqu'après la journée du 18 brumaire ; le 12 ventôse
an VIII (3 mars 1800), les consuls de la république
l'appelèrent aux fonctions de préfet de la Seine-
Inférieure ; son administration fera toujours époque
dans ce département, par le bien qu'il y fit et les
souvenirs honorables qu'il y a laissés. Le 21 mars
1806, il devint conseiller d'état en service ordinaire
attaché à la section de l'intérieur ; en 1807, ce conseiller et plusieurs de ses collègues reçurent l'importante mission d'aller organiser le royaume de
Westphalie. L'organisation effectuée, M. Beugnot
resta dans ce royaume pour y remplir les hautes fonc-

tions de ministre des finances; il fut rappelé au conseil d'état dans le mois de mai 1808, et deux mois après , il fut pourvu du portefeuille du ministère des finances du grand-duché de Cleves et de Berg. Il revint à Paris , en décembre 1813, et, au mois de janvier 1814, il fut envoyé à Lille comme préfet intérimaire , M. Duplantier , préfet titulaire , étant dangereusement malade. Quelques mois après, le gouvernement provisoire lui ayant annoncé qu'il était nommé commissaire au département de l'intérieur , il quitta Lille et se rendit incessamment à Paris ; mais le roi ne lui conserva point le portefeuille de ce ministère ; il fut appelé à la direction générale de la police de France. Ce poste ne lui convenait pas , ou pour mieux dire il ne convenait nullement à ce poste ; il se laissa entraîner par un zèle mal entendu ; peu de jours après sa nomination, le 7 juillet 1814, il rendit une ordonnance de police sur l'observation du dimanche et des fêtes , qui mit tous les quartiers commerçans de la capitale en émoi et y causa une grande fermentation. Cette ordonnance, sévère dans ses dispositions, inexécutable avec les mœurs et les opinions du jour , tomba bientôt dans le plus profond oubli. Le 3 décembre 1814, M. Beugnot fut nommé ministre de la marine.(*)

Au retour de Napoléon , il suivit Louis XVIII à Gand. il rentra avec ce monarque en juillet 1815 ; il ne conserva point le portefeuille de la marine , il

(*) Cette nomination fut considérée comme une nécessité politique et non comme une spécialité : M. Beugnot eut la naïveté de le reconnaître lors de la réception que ce ministre fit de ses employés, il leur dit :

» Messieurs, je vous vois avec beaucoup de plaisir. Chacun de vous » connaît le travail de sa division ; tant mieux , car pour moi je n'en sais » pas le premier mot. »   *(Histoire de la Restauration.)*

fut appelé à remplacer M. de Lavalette, directeur général des postes. Plus tard, il fut nommé ministre d'état et membre du conseil privé du roi, et, en même temps, il fut élu membre de la chambre des députés par le département de la Marne. En 1817, il reçut la décoration de grand'croix de la Légion-d'Honneur et obtint la direction générale de la caisse d'amortissement, des dépôts et consignations, qu'il a occupée jusqu'à la chute de Charles X. M. Beugnot, dans la chambre élective, ne s'est occupé que de rapports de finance; on l'avait surnommé le rapporteur perpétuel. Il avait été créé pair de France, le 27 janvier 1830; mais la revolution survenue six mois après, lui enleva tous ses emplois et dignités. M. le comte est mort dans sa terre de Bagneux, près Paris, le 24 juin 1835, à l'âge de 79 ans, à la suite d'une longue et douloureuse maladie : *Sic transit gloria mundi.*

BEYTZ (Joseph-François), né à Bruges, ancien chef-lieu du département de la Lys, fut membre du conseil des cinq-cents, où il se montra en opposition aux événemens qui amenèrent le renversement du directoire. Il fut porté sur la liste de proscription; mais il parvint à obtenir sa radiation; le 12 ventôse an VIII (3 mars 1800), il devint préfet de Loir-et-Cher. Le 1er fructidor de la même année, il fut remplacé dans ses fonctions administratives par M. de Corbigny, et fut nommé commissaire du gouvernement près le tribunal de Bruxelles; il passa ensuite successivement aux fonctions de procureur général aux cours impériales de la même ville et de la Haye; et, en 1814, il se trouvait premier président de la cour impériale de Bruxelles. A cette époque, il se retira des affaires publiques et n'y reparut qu'après la révolution belge de 1830, d'abord comme membre du congrès et ensuite comme sénateur. Il est mort vers le commencement de l'année 1832.

BILLARD (Auguste), a été sous-chef au ministère de l'intérieur, et sous-préfet sous le gouvernement impérial. Le 9 septembre 1814, il fut nommé sous-préfet de Launier; mais il fut renvoyé quelque temps après et resta sans emploi jusqu'après la chute de Charles X. Il fut secrétaire-général du ministère de l'intérieur pendant les trois premiers mois du règne de Louis-Philippe. Le 30 novembre 1830, il devint préfet du département du Finistère. Le 12 avril 1831, il avait été appelé à la préfecture des Landes; mais, au moment de quitter Quimper pour se rendre à sa nouvelle destination, parut une ordonnance royale, en date du 28 mai suivant, qui lui annonça que le département des Landes avait pour préfet M. Sers, venant de la sous-préfecture de Compiègne. Nous pensons que M. Billard a provoqué cette mesure par la raison que la préfecture qu'il administrait était bien plus importante que celle à laquelle il était appelé; il considéra cette mutation comme une disgrâce.

BLIN DE BOURDON (le vicomte), issu d'une ancienne famille de Picardie, nous le croyons natif de Doulens, où il fut sous-préfet provisoire, dans le mois de juillet 1815; il fut élu membre de la chambre des députés, dans le mois de septembre de la même année. En 1817, il accepta les fonctions gratuites, mais honorables de maire d'Amiens , qu'il habitait à cette époque ; le 27 juin 1823, sous le ministère Villèle , il fut nommé préfet de l'Oise; en 1814 , il fut réélu député par l'arrondissement électoral d'Abbeville : dans la séance du 27 mars de la même année , M. de Girardin, député de la gauche, accusa hautement M. Blin de Bourdon , d'avoir influencé, par des moyens illégaux, les élections de l'Oise ; M. le préfet, député, présent à cette séance, ne chercha point à se justifier de cette accusation. Le 1er septembre même année 1824 , il passa à la préfecture du Pas-de-Calais , qu'il administra jusqu'à la révolution de 1830. Il est maintenant membre de la chambre des députés , où il siége au côté droit.

BLONDEL D'AUBERS (le chevalier), fils d'un ancien conseiller au parlement de Paris , était avocat-général du conseil de Monsieur, lorsqu'il fut nommé, en août 1815, sous-préfet du Douai, et plus tard de Mortagne; le 3 mars 1828, il devint préfet de l'Ardèche. Le 20 septembre 1829, il fut appelé à la préfecture du Gers, qu'il perdit après la chute de Charles X. Il est aujourd'hui membre du conseil-général du Pas-de-Calais.

BOBY DE LACHAPELLE (Etienne-François-Marie) , chevalier de la Légion-d'Honneur, né à Melun (Seine-et-Marne) , le 3 octobre 1786 , n'a occupé aucune fonction publique sous les différens gouvernemens qui se sont succédés jusqu'à la révolution de 1830. Le 23 août de la même année, il fut fait préfet de son pays natal : le 23 novembre 1831 , il passa à la préfecture de la Mayenne, et, le 13

juillet 1836, il fut appelé à celle d'Ille-et-Vilaine. Le
23 juillet 1837, par la volonté ministérielle, M. Boby
fut remplacé à Rennes et envoyé à Cahors, préfecture bien moins importante que la précédente. Les
Bretons furent très-contrariés de ce changement; ils
manifestèrent, par les démonstrations les plus sincères , combien cette mesure les affligeait. Les membres du conseil général, réunis pour la session ordinaire de 1837 , s'associant aux regrets de leurs
compatriotes, ont, par une délibération spontanée
et unanime, rendu un témoignage éclatant au zèle ,
à la sagesse et aux talens administratifs de leur ancien
préfet, et exprimé, en termes énergiques , combien
la perte de cet excellent magistrat leur a été sensible.
A peine M. Boby est-il arrivé dans le Lot, et, déjà,
il jouit de l'affection générale.

BOGNE DE FAYE (le chevalier), commandeur
de la Légion-d'Honneur, naquit à Clamecy (Nièvre),
en 1778 ; il a été successivement, sous le gouvernement impérial , auditeur au conseil d'état, secrétaire d'ambassade à Munich , maître des requêtes
honoraire et colonel d'état-major de la garde nationale parisienne. Sous la restauration, il fut ministre
plénipotentiaire près la cour de Hesse - Darmstadt.
En 1818 , ses compatriotes le nommèrent membre de la chambre des députés , où il vota avec
l'opposition. En août 1830 , le gouvernement de
Louis-Philippe l'appela à la préfecture de l'Aisne ,
en remplacement de M. Walkemaer révoqué ; mais
il fut contraint , en mai 1831 , de céder sa place à
M. de Sainte-Suzanne. Les motifs de son remplacement sont connus et rapportés de la manière sui-

vante : le maire de Saint-Quentin correspondait directement, et à l'insu du préfet, avec M. le ministre de l'intérieur, le préfet écrivit à M. le ministre que s'il voulait être maître dans son ministère, il prétendait, lui préfet, l'être dans sa préfecture ; la réponse, comme on le pense bien, fut de nature à l'obliger d'envoyer sa démission. M. le chevalier se retira dans son château d'Amazi, près Tanna (Nièvre), où il mourut vers le commencement de janvier 1834.

BOCHER, sous-préfet d'Etampes, a été appelé à la préfecture du Gers, en remplacement de M. de l'Espée, le 14 mars 1839. Notre ouvrage étant sous presse au moment de l'apparition de l'ordonnance royale, nous n'avons que le temps de classer en son rang ce nouveau préfet, nommé par un ministère agonisant.

BOHAIN, ancien rédacteur du *Figaro*, fut nommé préfet de la Charente, le 13 octobre 1830 ; son administration n'eut pas une longue durée ; il fut destitué le 11 mars 1831. Il revint à la rédaction de son journal qui n'est plus le sien depuis qu'il a changé de couleur. M. Bohain fut mis en état d'arrestation le 29 juillet 1835, à l'occasion de l'attentat de Fieschi ; mais comme dit l'ancien proverbe : *Ce qui est bon à prendre est bon à rendre ;* quelques jours après, il recouvra sa liberté.

BOISSY D'ANGLAS (le comte François-Antoine de), pair de France, officier de la Légion-d'Honneur, né à Nîmes, le 25 février 1781, était auditeur au conseil d'état lorsqu'il fut nommé sous-préfet des Andelys (Eure). Le 12 février 1810, il devint préfet de la Charente; M. Milon de Mesne lui succéda, le 10 juin 1814. Dans les cent jours, le gouvernement impérial lui confia la préfecture de la Charente-Inférieure, qu'il perdit au second retour du roi. Le 1er janvier 1816, il fut nommé maître des requêtes en service extraordinaire : son père, ancien conventionnel, pair de France, étant décédé en 1826, il fut admis à lui succéder à la chambre des pairs, vers le commencement de 1827. Il a constamment voté avec les constitutionnels.

BONDY (le comte Taillepied de) , pair de France, intendant-général de la liste civile, grand-oficier de la Légion-d'Honneur, décoré de l'ordre de Saint-Hubert de Bavière, est né à Paris, le 7 octobre 1766 ; en 1792, il accepta les fonctions de directeur de la fabrication des assignats, mais il donna sa démission en 1793. Il prit une grande part au mouvement insurrectionnel des sections de la capitale contre la convention nationale, le 13 vendémiaire an IV (5 octobre 1795) ; il commandait alors le bataillon de la section de la place Vendôme. Convaincu d'avoir signé le même jour, 13 vendémiaire, l'ordre de battre la générale, de s'être porté à la tête de sa troupe de révoltés, et d'avoir essayé de corrompre, par une fraternisation apparente, les défenseurs de la Convention placés au poste des Feuillans, il fut jugé par le conseil militaire séant au théâtre Français, et condamné, le 5 brumaire suivant, par contumace, à la peine de mort. M. de Bondy, comme on le pense bien, prit toutes ses précautions de sureté et depuis, il se tint à l'écart, et ne reparut sur la scène politique qu'en 1809; alors, par l'influence du prince Eugène, il devint chambellan de l'empereur. Dans la même année, il fut nommé maître des requêtes, comte de l'empire, officier de la Légion-d'Honneur et ambassadeur à Constantinople, où il reçut du grand-turc la décoration du croissant ; rappelé de son ambassade, le 7 août 1810, Napoléon lui confia la préfecture du Rhône, qu'il conserva jusqu'après les évènemens de 1814, époque à laquelle il fut remplacé par M. Chabrol de Crouzols. Cependant ce magistrat disgrâcié reçut, en se retirant, le titre de commandant de la Légion-d'Honneur. Napoléon, à son retour de l'île d'Elbe, appela M. de Bondy à l'administration de la première préfecture de France (Paris) Le 12 juillet 1815, il fut nommé à la préfecture de la Moselle, qu'il n'accepta point. En décembre de la même année, il fut appelé comme témoin devant la chambre des pairs, à l'occasion du jugement du maréchal Ney ; sa déposition était favorable à l'illustre accusé. Il a été ensuite pendant plusieurs années, sous la restauration, membre de la chambre des députés, où il a constamment voté contre le ministère. M. de Bondy obtint de nouveau la préfecture de la Seine, vers le commencement du mois de février 1831, et, quelque temps après, il fut créé pair de France ; ayant donné sa démission de préfet, il fut remplacé par M. le comte de Rambutau, le 22 juin 1833, et nommé grand-officier de la Légion-d'Honneur. Enfin, le 17 mai 1837, le roi lui confia les fonctions d'intendant-général administrateur de la liste civile, en remplacement de M. de Montalivet.

BONDY, fils du précédent, auditeur au conseil-d'état de Charles X ; immédiatement après la révolution de Juillet , il fut nommé préfet de la Corrèze ; le 21 juillet 1833, il passa à la préfecture de l'Yonne. Il fera son chemin ; il en a pour garant son mérite et de plus , le crédit de son père.

BONNAIRE (le baron Félix) , chevalier de la Légion-d'Honneur , né à Vitry-sur-Marne , le 23 octobre 1766 ; il était administrateur du Cher, lorsqu'en 1798, il entra au conseil des cinq-cents , où il manifesta des principes fort modérés. Le 12 ventôse an VIII (3 mars 1800) , il obtint la préfecture des Hautes-Alpes ; un an après , il fit paraître un mémoire statistique de ce département : on y remarque à chaque page l'observateur profond , l'administrateur éclairé. Le 18 ventôse an X (9 mars 1802) , il fut appelé à la préfecture de la Charente ; en quittant le département des Hautes-Alpes. ce magistrat y laissa des traces de bienfaisance et des projets d'utilité publique ; les habitans de ce pays se rappelleront toujours que c'est aux pressantes sollicitations et surtout au zèle non interrompu de leur premier préfet , qu'est due l'ouverture de la route de France en Italie, par le Mont-Genève. Après s'être signalé dans le département de la Charente par une administration paternelle , il passa à la préfecture d'Ile-et-Vilaine , le 2 ventôse an XIII (21 février 1805). sa conduite administrative dans ce pays fesait espérer à ses habitans de conserver long-temps ce préfet ; mais il en fut autrement, une malheureuse circonstance amena la disgrâce de cet excellent magistrat : au mois de décembre 1814, M. le maréchal-de-camp Piquet du Boisguy, arriva à Rennes, en vertu d'un ordre du roi, pour distribuer des récompenses et des secours aux royalistes blessés. La présence de cet officier-général causa dans toute la ville une grande fermentation, M. Bonnaire usa de toute son autorité pour faire respecter l'envoyé du roi ; mais tous ses efforts devinrent inutiles ; M. de Boisguy fut contraint de se retirer sans avoir rempli l'objet de sa mission ; il se rendit à Paris, pour faire son rapport sur cet évènement, qu'il attribua, en grande partie, à la faiblesse du préfet. Une ordonnance royale du 26 janvier 1815 annonça au département d'Ile-et-Vilaine la révocation de M. Bonnaire. Cette ordonnance porta la tristesse dans tous les esprits, et ce fonctionnaire destitué se retira sans se plaindre. Pendant les cent jours de 1815 il occupa la préfecture de la Loire-Inférieure. Depuis la révolution de 1830, il a obtenu une pension de retraite dont il jouit à Saint-Amand-Mont-Rond (Cher).

BONNET, de la Seine-Inférieure, était conseiller et secrétaire-général de la préfecture de ce département lorsqu'il fut nommé préfet de l'Ain, le 23 juillet 1837.

BORIES, ancien législateur et administrateur central, le 12 ventôse an VIII (3 mars 1800) ; il obtint la préfecture d'Ile-et-Vilaine ; il fut remplacé dans ses fonctions administratives par M. Mounier, le 23 germinal an X (3 avril 1802). M. Bories ne rentra point dans son manoir, comme l'a dit, par erreur une Biographie qui parut en 1826, mais il fut siéger au corps législatif, où il avait été appelé par ses concitoyens ; atteint d'une maladie chronique, il demanda un congé, se retira à Rennes , où il mourut le 28 germinal an XIII (23 avril 1805).

BOSSI (le baron Charles Aurelle de) , né à Turin (Sardaigne), le 15 novembre 1751 ; la Biographie des hommes vivans nous apprend qu'il fut reçu docteur en droit à l'âge de dix-huit ans. Il se fit remarquer par ses talens ; la cour de Turin lui confia, étant encore fort jeune , des fonctions diplomatiques. Il devint ensuite l'un des membres les plus distingués du corps législatif de la république cisalpine ; en 1803 , lorsque la réunion de son pays à la France fut consommée, et à laquelle il contribua beaucoup , M. Bossi fut nommé par le gouvernement français , commissaire des relations commerciales à Jassy ; en 1805 , il fut appelé à la préfecture de l'Ain. Le 12 février 1810 , il fut remplacé par M. Rivet, et envoyé à la préfecture de la Manche ; il fut assez heureux de s'y maintenir sous le gouvernement royal en 1814 , et sous le règne de Napoléon , durant les cent jours. Mais à cette époque, ce magistrat ayant manifesté un grand enthousiasme et déployé une énergie des plus actives pour l'exécution des lois et décrets de l'empire, le baron de Vansay lui succéda le 12 juillet 1815. Depuis son remplacement et après avoir voyagé quelque temps dans le nord de l'Europe, il se fixa à Paris , où il mourut vers la fin de janvier 1823. M. Bossi a laissé d'honorables souvenirs dans tous les pays qu'il a habités , soit comme diplomate , soit comme préfet.

BOULA DU COLOMBIER (le baron), officier de la Légion-d'Honneur, débuta dans la carrière administrative par la sous-préfecture de Bressuires ; le 3 mars 1807 , il devint préfet de la Loire. Le 1er mars 1812, il fut appelé à la préfecture de Marengo ; il demeura en Italie jusqu'à la chute du gouvernement impérial , en 1814 ; le roi ne l'employa point, mais il lui conféra le titre de maître des requêtes honoraire. Il occupa pendant un mois seulement la préfecture de Saône-et-Loire , durant les cent jours. Le 14 juillet 1815, il fut nommé préfet des Vosges ; là , comme dans les autres départemens, il se montra habile administrateur. Néanmoins, sous le ministère Villèle, par ordonnance royale du 27 juin 1823 , il fut remplacé par M. le comte d'Estourmel , et rentra dans la vie privée. Lors des élections de 1827 , les habitans des Vosges se rappelèrent la conduite honorable de leur ancien préfet, et voulant lui donner un témoignage de leur gratitude et le venger de la disgrâce qui l'avait frappé, ils le nommèrent membre de la chambre des députés. Il se distingua par la sagesse de ses opinions et par ses votes consciencieux ; sous le ministère Polignac , à la session de 1830 , il fut du nombre des 221 , qui votèrent pour l'adresse.

BOULLÉ (le baron Jean-Pierre), chevalier de la Légion-d'Honneur , naquit à Pontivy en 1753 ; il exerçait la profession d'avocat lorsque la révolution éclata. Il fut nommé député aux états-généraux par le tiers-état de la sénéchaussée de Ploërmel ; en 1791 , il reçut la mission de parcourir les départemens du Nord et du Pas-de-Calais , pour prévenir les effets que la nouvelle de la fuite de Louis XVI pouvait produire. Plus tard, il accompagna le général Rochambeau à l'armée du Nord. En 1797, il entra au conseil des cinq-cents, où il se montra l'ami d'une sage liberté; en 1798, il fut nommé secrétaire de l'assemblée. Le 12 ventôse an VIII (3 mars 1800), ce législateur devint préfet des Côtes-du-Nord; il conserva ces fonctions jusqu'en 1814, époque de son remplacement par M. de Goyon, et il mourut le 13 janvier 1816, à Vaumenot, près Saint-Brieux.

BOULLÉ (Germain-Joseph-Marie), officier de la Légion-d'Honneur; nous ignorons s'il est fils, neveu ou même parent du précédent; il a été auditeur au conseil d'état, sous-préfet de Vannes avant la première restauration, et préfet de la Vendée durant les cent jours. Le 12 août 1830, il obtint la préfecture de la Vienne; le 30 mars 1833, il fut appelé à celle de Tarn-et-Garonne. On l'envoya, le 21 septembre 1834, administrer le département de l'Aude, où il succéda à M. Delessert; enfin, le 21 octobre 1836, il passa à la préfecture du Finistère, où il est encore, à la grande satisfaction des habitans de ce département.

BOURBLANC (le comte de), chevalier de Saint-Louis, officier de la Légion-d'Honneur, issu d'une famille noble de la Bretagne, émigra en 1791, et servit dans l'armée de Condé. Il rentra en France avec la famille royale en 1814, et reçut à cette époque la décoration de Saint-Louis; le 2 août 1815, il fut nommé sous-préfet de Dinant, et, le 23 mars

1822, il devint préfet de Saône-et-Loire. M. d'Arbelles, préfet de la Sarthe, étant décédé, M. de Bourblanc fut appelé à le remplacer, par ordonnance royale du 5 octobre 1825 ; il administra ce département jusqu'à la chute de Charles X.

BOURDON DE VATRY (Marc-Antoine), officier de la Légion-d'Honneur, frère de Léonard Bourdon, l'un des fougueux conventionnels, est né à Loigné-au-Perche (Sarthe), en 1765 ; de retour de l'Amérique, où il avait été fort jeune en qualité de secrétaire-général de l'armée, il occupa l'emploi de chef de bureau des colonies au ministère de la marine ; en 1798, il fut nommé agent maritime à Anvers. Dans ce nouveau poste, M. Bourdon donna des preuves d'une grande capacité administrative ; le gouvernement sut l'apprécier, et dans le mois de juillet 1799, il lui confia le portefeuille du ministère de la marine. Il se distingua dans ces hautes fonctions par une austère probité.

Après les évènemens du 18 brumaire, il donna sa démission, et fut envoyé à la tête de l'administration maritime de l'Orient ; le 6 vendémiaire an X (28 septembre 1801, il passa à la préfecture maritime du Hâvre. Cette préfecture ayant été supprimée, il devint préfet du département de Vaucluse, le 30 fructidor an X (17 septembre 1802) ; il passa à la préfecture de Maine-et-Loire, le 6 thermidor an XIII. M. de Latourette, préfet de Gênes, ayant donné sa démission, un décret impérial du 11 février 1809, nomma M. Bourdon pour lui succéder ; rentré en France en 1814, le gouvernement du roi ne balança pas à l'employer : il fut nommé directeur du personnel de la marine et intendant général des armées navales. Vers le commencement de 1815, il éprouva une disgrâce complète, provoquée par S. A. R. le duc d'Angoulême, avec lequel il se trouva forcé d'avoir des explications très-vives relativement à ses fonctions. L'empereur Napoléon, par décret du 6 avril 1815, lui donna l'administration du département de l'Isère, où il fut remplacé par M. de Montlivault, immédiatement après le retour du roi.

Depuis cette époque, M. Bourdon n'a plus été employé ; il jouissait dans sa retraite de l'estime et de la considération publique, qui est l'apanage de l'homme de bien, lorsqu'il mourut à Paris, le 22 avril 1828. La ville d'Avignon est redevable à cet excellent administrateur des ponts de la Durance et du Rhône, ainsi que du Lycée ; les habitans de Gênes, animés de la plus vive reconnaissance pour tous les bienfaits qu'ils avaient reçus de la part de M. Bourdon, durant le cours de son administration dans leur pays, érigèrent un buste de marbre dans la grande salle du palais du Doge. M. Bourdon de Vatry, dit M. Chasseriau, dans la Biographie universelle, joignait à un esprit cultivé et aux formes les plus distinguées, un caractère honorable et une grande aptitude.

BOURLON (de), maître des requêtes en service ordinaire, a succédé à son aïeul maternel, M. le vicomte de Jessaint, dans la préfecture de la Marne, le 1er novembre 1838 : sans connaître ce jeune administrateur, nous faisons des vœux bien sincères afin qu'il se maintienne aussi long-temps et aussi honorablement dans ce poste que son respectable prédécesseur.

BOUTHILLIERS (le marquis Léon de), commandeur de la Légion-d'Honneur, décoré de plusieurs ordres étrangers, issu d'une famille distinguée du Berry, qui a fourni des ministres à Louis XIII et Louis XIV ; il naquit le 16 juin 1774, et entra au service en 1789, dans le régiment du roi. En 1790, il fut blessé à l'affaire de Nancy, en cherchant à faire rentrer dans leur devoir les soldats révoltés ; en récompense de son généreux dévouement, il fut fait capitaine. Il émigra en 1791, fit toutes les campagnes de l'armée de Condé, et devint bientôt major des hussards de Baschy. Quelque temps avant le licenciement de l'armée de Condé, il fut promu au grade de colonel ; il dut au consulat son retour en France, et vécut presque toujours retiré à la campagne jusqu'en 1809. Nommé auditeur au conseil d'état à cette époque, M. de Bouthilliers fut successivement sous-préfet d'Alba et de Minden.

Vers le commencement de 1814, contraint d'abandonner son poste, il se rendit à Paris. où il prit une part très-active aux évènemens qui renversèrent le trône impérial. Le 14 juin de la même année, il fut nommé préfet du Var ; en mars 1815, il déploya la plus grande activité pour soulever la population de ce département, afin de s'opposer à la rentrée de l'empereur. Ce monarque étant rétabli sur le trône, ordonna immédiatement l'arrestation de ce préfet ; cet ordre reçut, par les soins de M. le maréchal Massena, une prompte exécution, et M. de Bouthilliers fut conduit sous bonne escorte au fort Lamalgue, à Toulon.

La seconde restauration rendit à la liberté ce prisonnier d'état, et le 12 août 1815, il obtint la préfecture du Bas-Rhin, d'où il fut évincé sous le ministère Decazes, le 24 février 1819, et remplacé par le frère puîné de ce ministre. Aux élections de 1820, le collége électoral de Versailles le nomma député ; en 1822, il fut appelé à l'administration des postes ; il devint directeur général des eaux et forêts et conseiller d'état en service extraordinaire, en 1834.

M. le marquis de Bouthilliers est mort à Paris, à la suite d'une maladie chronique, le 6 octobre 1829. Sa veuve jouit d'une pension de trois mille francs, qui lui a été accordée le 3 janvier 1830.

BOUVIER DUMOLARD (le chevalier), né à Sarguemines, en 1780, d'une famille bourgeoise, débuta dans les fonctions publiques par le modeste emploi de chef des bureaux de la sous-préfecture de Sarrebruck. Ce jeune commis se distingua dans cette place bien au-dessous de ses talens ; il s'attira la bienveillance du gouvernement impérial. Il devint successivement auditeur au conseil d'état, intendant de la Corinthie, de la Saxe et des principautés de Cobourg et Scwartzbourg ; ensuite commissaire près la république de Raguse. En 1807, il fut appelé aux fonctions de sous-préfet de Sarrebruck, d'où il était parti simple commis, il y avait peu d'années ; le 12 février 1810, M. Dumolard passa de cette sous-préfecture à la préfecture du Finistère, vacante par la destitution de M. Miollis. Le 12 mars 1813, M. Abrial ayant été appelé à lui succéder, il fut nommé, le même jour, préfet de Tarn-et-Garonne ; il s'y trouvait encore lors de la bataille de Toulouse.

M. Beauchamp, homme de lettres, dans son Histoire de la campagne de 1814, présenta M. Dumolard comme ayant été cause de cette bataille, en retenant à Montauban le colonel Saint-Simon, chargé, par le gouvernement provisoire, d'annoncer au maréchal Soult la déchéance de Napoléon; le gouvernement du roi se laissa persuader par cette fausse assertion, et, le 10 juin, parut une ordonnance royale portant nomination de M. Alban de Villeneuve à la préfecture de Tarn-et-Garonne, en remplacement de M. Dumolard. Celui-ci intenta un procès en calomnie à l'historien Beauchamp qui, par un jugement solennel, fut déclaré calomniateur, condamné à des dommages-intérêts et aux frais. Le gouvernement impérial le nomma successivement, durant les cent jours, préfet de la Sarthe et de la Meurthe. Il ne fit que paraître dans ce dernier département, ayant été appelé à siéger à la chambre des représentans, où il se prononça énergiquement en faveur de l'empereur Napoléon et contre la dynastie des Bourbons. Compris, après le second retour du roi, dans l'ordonnance du 24 juillet 1815, il se retira en Belgique; il fut autorisé à rentrer en France vers la fin de 1816, et à habiter Hazebrouck, où il possède des propriétés.

Après la révolution de 1830, il reparut sur la scène politique, comme préfet du Rhône, et conseiller d'état en service extraordinaire; après les malheureux évènemens de Lyon, il fut accusé d'imprévoyance par le ministère qui, dans cette occasion, avait été plus imprévoyant que lui; alors il ne balança point à se retirer des affaires publiques; il donna sa démission et rentra dans son manoir, avec la persuasion intime d'avoir, dans cette circonstance, rempli les devoirs imposés à sa place.

BRANCAS (le comte Woldemar de), chevalier de Saint-Louis et de la Légion-d'Honneur, décoré de l'ordre de Saint-Janvier des Deux-Siciles ; après la seconde rentrée du roi, il fut successivement sous-préfet de Befort et de Dieppe ; c'est à son administration que cette dernière ville est redevable de ses magnifiques bains. Le 5 octobre 1825, il devint préfet de la Haute-Saône ; et le 16 octobre 1829, il passa à la préfecture de l'Aube ; il cessa ses fonctions à la révolution de Juillet.

BRET, administrateur éclos de la révolution de Juillet ; d'abord il devint sous-préfet de Sens ; le 29 juillet 1832, il fut nommé préfet de la Loire. Le 14 juillet 1833, il fut appelé à la préfecture du Haut-Rhin, où il est encore, jusqu'à ce qu'il se présente un meilleur poste à lui donner ; car il paraît que M. Bret est en faveur.

BRETEUIL (le comte Charles-Achille-Stanilas-Émile le Tonnelier de), pair de France et commandeur de la Légion-d'Honneur, né à Paris, le 29 mars 1784 : vers le commencement de l'empire, il fut nommé auditeur au conseil d'état ; plus tard, il occupa les fonctions d'intendant de la Styrie et de la Basse Carniole, après avoir été quelque temps secrétaire d'ambassade à Stuttgard. Le 30 novembre 1810, il obtint la préfecture de la Nièvre, d'où il fut appelé à celle de Hambourg, le 17 mars 1813. Il perdit sa place, lors des évènemens de 1814, revint à Paris, où il reçut du gouvernement royal le titre de maître des requêtes en service extraordinaire ; il refusa dans les cent jours son ancienne préfecture de la Nièvre. Ce refus lui valut celle d'Eure-et-Loir, à laquelle il fut nommé par le roi, le 12 juillet 1815; une ordonnance royale du 19 janvier 1819, le remplaça par M. d'Estourmel. Les causes de cette disgrâce sont inconnues; mais on présume toutefois que ce préfet ne pouvait convenir au système adopté par le ministère Decazes; on est d'autant plus fondé à le croire, puisque immédiatement après la chute de ce ministère, il devint préfet de la Sarthe, d'où il passa à l'importante préfecture de la Gironde, le 9 janvier 1822. Créé pair de France, le 23 décembre 1823, il donna sa démission de préfet et quitta Bordeaux en avril 1824, après avoir été remplacé par M. d'Haussez. En 1826, il fit partie de la commission de liquidation pour l'indemnité des émigrés, et, le 24 juin 1827, il fut nommé membre du conseil chargé de la surveillance de la censure.

BREVANNES (le chevalier Amedée le Fileur de), officier de la Légion-d'Honneur, né à Paris, en 1775; à l'âge de 16 ans il émigra avec sa mère et son frère aîné. Il demeura éloigné de sa patrie jusqu'après la chute du directoire; en 1810, sous le gouvernement impérial, il fut nommé auditeur au conseil d'état, et ensuite secrétaire d'ambassade à Varsovie. Il revint à Paris vers la fin de 1813, et fut chargé d'accompagner le commissaire extraordinaire de l'empereur dans la 15e division militaire, pour le seconder dans ses opérations. Après les évènemens de 1814, il devint maître des requêtes en service ordinaire; le 26 octobre, même année, il obtint la préfecture d'Ille-et-Vilaine, où il fut remplacé, le 6 avril 1815, par M. Méchin ; et le 14 juillet suivant, le gouvernement du roi l'appela à celle de l'Hérault. Il trouva ce pays dans un état d'agitation difficile à décrire. Ce magistrat avait beaucoup à faire pour y rétablir le calme et rallier les partis ; la voie de la modération lui parut la plus convenable ; mais il fut trompé dans son attente, et fut contraint de demander un successeur. Il fut remplacé, le 26 octobre de la même année, par M. le comte de Floirac, et nommé conseiller d'état en service ordinaire ; il fit partie de la commission de liquidation pour l'indemnité des émigrés. Le gouvernement de Louis-Philippe lui a confié les fonctions de directeur de l'administration de la guerre. M. de Brevannes se trouve, depuis 1835, réduit au seul titre de conseiller d'état honoraire.

BRISSAC (le duc Augustin-Marie-Pétronille-Timoléon de Cossé de), chevalier de la Légion-d'Honneur, décoré de l'ordre de Saint-Hubert de Bavière, ex-pair de France, né à Paris en 1775, le 12 janvier, fils du duc de Brissac, dont la mort tragique en 1792 se trouve décrite dans le 3e chant du poëme de la Pitié, de M. Delille ; il fut nommé, en 1805, chambellan de Madame, mère de Napoléon. Le 15 avril 1809, il devint préfet de Marengo, d'où il fut appelé à la préfecture de la Côte-d'Or, le 1er mai 1812 ; en 1814, il déploya la plus grande énergie pour préserver ce département de l'invasion étrangère ; mais tous ses efforts, parfaitement secondés par ses administrés, échouèrent, et ce pays fut envahi. M. de Brissac fut créé pair de France, le 4 juin 1814 ; il se retira pendant les cent jours, et rentra à la chambre des pairs après le second retour des Bourbons , où il a continué de siéger jusqu'à la chute de Charles X ; à cette époque il donna sa démission.

BROCHET DE VERIGNY (Anna-Félix). La Biographie des hommes vivans nous assure qu'il était fils d'un ancien maître des requêtes de l'Hôtel ; il n'a point figuré sous le gouvernement impérial ; sa carrière politique date seulement de 1814 ; il entra au conseil d'état comme maître des requêtes surnuméraire , et fut placé au comité de l'intérieur. Le 20 février 1815, la préfecture du Gers étant devenue vacante par la révocation de M. Montégut , elle fut attribuée à M. de Verigny , déjà connu par quelques rapports sur le commerce. Lors du retour de Napoléon , au 20 mars, il cessa toutes fonctions , et ne les reprit qu'après la seconde abdication de ce monarque. Le 26 février 1816, il passa à la préfecture de l'Indre , et, le 19 juillet 1820, il fut appelé à celle de l'Oise. Sous le ministère Villèle, le 23 mars 1822, et à titre d'avancement , il devint préfet de la Loire-Inférieure ; le 1er septembre 1824 , il fut nommé conseiller d'état en service ordinaire. Il est mort à Paris, en octobre 1825.

BROSSES (le comte Charles-Réné de), commandeur de la Légion-d'honneur , petit-fils de Charles de Brosses , mort en 1777 , président du parlement de Bourgogne. Le comte de Brosses naquit à Dijon, le 12 mars 1771 ; il émigra et servit dans l'armée des princes. Rentré en France en 1796, il fut contraint d'en sortir de nouveau quelques mois après, et il n'y rentra qu'en 1800. Il a été , pendant quelques années , conseiller à la cour impériale de Paris; le 10 juin 1814, il fut nommé préfet de la Haute-Vienne ; il fut remplacé par M. Texier-Olivier après le retour de Napoléon. Le 12 juillet 1815, il fut appelé à remplacer M. Bonnaire, préfet de la Loire - Inférieure. Une disgrâce imprévue vint le frapper le 23 mars 1822; mais elle ne fut pas de longue durée, car, le 14 août suivant, il obtint la préfecture du Doubs, en remplacement de M. Lachadenède, démissionnaire ; la faveur ministérielle ne devait pas s'arrêter là pour M. le comte; elle lui donna une forte preuve qu'elle savait récompenser le dévoûment, en l'appelant, le 8 janvier 1823 , à la seconde préfecture du royaume (Lyon), d'où on ne sort que pour entrer à la chambre des pairs , ou au ministère. Mais la révolution de 1830 est venue détruire cette belle perspective. M. de Brosses était aussi conseiller d'état en service extraordinaire et gentilhomme honoraire de la chambre du roi Charles X. Il est mort à Chaillot, vers les premiers jours de décembre 1834, des suites d'une aliénation mentale des plus violentes , causée par la chute de la branche aînée des Bourbons.

BRULEY-DESVARANNES (Louis-Prudent) , chevalier de la Légion-d'Honneur , après avoir été successivement sous-préfet de Chinon et de Saumur. Depuis la révolution de 1830 , il devint préfet de Tarn-et-Garonne , le 12 novembre 1835. Cet honorable fonctionnaire a été brutalement destitué par suite de la dernière dissolution de la chambre des députés, n'ayant pas voulu, dans cette circonstance, se prêter aux exigences du pouvoir, afin d'empêcher

la réélection des députés sortans de ce département ,
qui appartenaient aux 2r3 , formant la minorité de
l'avant-dernière chambre.

BRUN, de la Charente , ex-conventionnel, vota la
mort de Louis XVI ; mais il se déclara pour le sursis
et pour l'appel au peuple ; il occupa durant le cours
de la révolution divers emplois administratifs. Le
3 mars 1800, il fut nommé préfet de l'Arriège ; nous
ne savons si cet administrateur s'ennuyait à Foix, ou
si le gouvernement impérial se fatigua de l'y laisser,
mais ce que nous savons fort bien, c'est qu'il céda sa
préfecture à M. Dupont-Delporte, en vertu d'un décret
de l'empereur , du 27 juillet 1808. On nous a assuré
que M. Brun est mort depuis plusieurs années.

BRUN, fils du maire de Bordeaux , sous-préfet
de Bazas depuis le 27 août 1830, fut nommé préfet
de Lot-et-Garonne, le 24 janvier 1833 , en remplacement de M. Croneau, destitué. Le ministère Molé
a jugé convenable de renvoyer cet administrateur à
la préfecture des Vosges. Cette mutation a été vivement sentie par tous les habitans d'Agen , où ce magistrat était aimé et estimé.

BUFFAULT, ancien administrateur , actuellement conseiller-maître à la cour des comptes , officier de la Légion-d'Honneur, fut nommé préfet de
Saône-et-Loire , le 12 ventôse an VIII (3 mars 1800).
Deux ans après il fut appelé aux fonctions de commissaire de la comptabilité nationale intermédiaire ,
puis à celles de directeur de la liquidation de la dette
publique. Le 25 mars 1811 ; il succéda à M. Sanlo ,
décédé conseiller-maître à la cour des comptes.

BUREAUX DE PUSY (le comte Jean-Xavier),
commandeur de la Légion-d'Honneur, naquit à Pont-
sur-Saône, le 27 janvier 1750; il était capitaine du
génie avant la révolution. En 1789, il fut élu député
par la noblesse du baillage d'Amont, aux Etats-Généraux, et fut l'un des membres influens de cette
assemblée célèbre, connue sous le nom de Constituante, et dont il fut trois fois le président. C'est sur sa
proposition que la division des provinces de la France
en départemens fut décrétée; il fit aussi rendre plusieurs décrets importans concernant les militaires.
La session de cette assemblée terminée, il reprit la
carrière des armes, et fut envoyé à l'armée du centre,
commandée par le général Lafayette, dont il devint l'un des aides-de-camp. Après la journée du
10 août 1792, ce général ayant abdiqué le commande-
ment et étant sorti de France, M. Bureaux de Pusy ne
voulut point se séparer de lui; ils furent arrêtés à
Rochefort, près Luxembourg, par les Autrichiens,
et conduits à Olmutz, où ils furent enfermés dans
des cachots infects, et subirent les traitemens les
plus rigoureux. En 1797, époque des conférences de
Léoben, le général en chef Bonaparte obtint du gouvernement autrichien la mise en liberté de ces malheureux
prisonniers. M. Bureaux de Pusy passa aux États-
Unis, et ne revint en France qu'après le 18 brumaire.
Le premier consul l'appela à la préfecture de l'Allier,
le 11 brumaire an X (2 novembre 1801); il passa à
la préfecture du Rhône, le 11 thermidor de la même
année (30 juillet 1802), en remplacement de M. Na-
jac, appelé au conseil d'état. Le 15 messidor an XIII
(4 juillet 1805), le gouvernement impérial lui confia
l'importante et difficile administration de la préfec-

ture de Gênes, nouvellement réunie à la France ; M. Bureaux de Pusy rendit des services éminens dans ce pays, où il mourut le 6 février 1806, à la suite d'une fièvre maligne, causée par la fatigue et l'agitation de son esprit. (Un acte d'héroïsme lui coûta la vie : une révolte dans laquelle figuraient plus de 10,000 Pamersans éclata ; il eut le courage de se rendre seul au milieu des séditieux ; là, par sa fermeté et ses sages représentations, il parvint à les calmer : le sang ne coula pas.) Sa mort plongea dans la plus grande consternation la ville de Gênes.

BUREAUX DE PUSY, chevalier de la Légion-d'Honneur, fils du précédent et petit-fils adoptif du général Lafayette, élève distingué de l'école Polytechnique ; il en sortit pour entrer dans le génie militaire, où il servit honorablement pendant plusieurs années. Le 13 août 1830, il devint préfet des Hautes-Pyrénées, et, le 21 novembre 1831, il passa à la préfecture de Vaucluse, où il resta jusqu'au 14 juillet 1833, jour auquel il eut pour successeur M. Mercier, venu de la sous-préfecture d'Alaix.

Il est permis de croire que cette disgrâce fut vivement sentie par ses administrés, et que sa conduite, au milieu des circonstances graves, avait été approuvée : d'une part, les habitans électeurs de Tarbes lui accordèrent, en 1834, leurs suffrages pour la députation ; et de l'autre, les citoyens les plus honorables d'Avignon réclamèrent auprès du ministre la conservation de leur estimable préfet. L'élection du collége électoral de Tarbes fut annulée, quant à M. Bureaux de Pusy, candidat de l'opposition, et son concurrent, M. d'Intrans, candidat ministériel, proclamé député, contrairement aux conclusions du rapporteur de la commission tendantes à ce que les opérations de ce collége fussent annulées, autant pour M. Bureaux de Pusy, que pour son concurrent. Cette décision parut très-singulière à une partie de la chambre ; aussi, un des membres de la gauche (M. Glais-Bizoin), s'écria avec force : « Voilà le cachet de la majorité de 1834 » (*). M. Bureaux de Pusy fut, peu de temps après, appelé de nouveau à la députation par le collége électoral de la Palisse (Allier). Durant le cours de sa carrière parlementaire, il a constamment voté contre tous les projets ministériels qui n'étaient pas en harmonie avec les intérêts et la dignité de la France. Aux élections générales de 1837, M. Bureaux de Pusy n'a pas été réélu ; tout récemment il fut porté candidat en concurrence avec le général Jacqueminot, par les électeurs patriotes du deuxième arrondissement de la Seine ; mais sa candidature échoua. Dans sa carrière administrative, il a servi son pays et le gouvernement avec loyauté, en homme de bien.

BUSCHE fut nommé auditeur au conseil d'état, en 1809 ; membre du comité de liquidation de la dette de la Hollande, en 1810 ; préfet des Deux-Sèvres, le 12 mars 1813. Il fut destitué après le second retour du roi, pour avoir apposé sa signature à l'acte fédératif de ce département dans les cent jours ; mais cependant en 1818, il devint membre de la commission pour l'éclairage des hôpitaux par le gaz hydrogène, et, en 1823, membre du jury chargé de prononcer, pour le département de la Seine, sur

(*) Voyez la séance de la chambre des députés du 5 août 1834.

l'admission des objets présentés par des fabricans,
pour l'exposition au Louvre des produits de l'industrie.

C

CAFFARELLI (le baron Charles-Ambroise), chevalier de la Légion-d'Honneur, naquit au château du
Falga, le 15 janvier 1758; après avoir terminé ses
études, il entra au séminaire et reçut la prêtrise en
1782. Il devint chanoine de Toul, peu de temps
après; il s'y trouva à l'époque de la révolution;
en 1791, il prêta serment à la Constitution civile du
clergé, et néanmoins plus tard il fut arrêté et resta
détenu jusqu'après le 9 thermidor. Durant le cours
de la révolution, il abandonna l'état ecclésiastique pour accepter des fonctions administratives; le
3 mars 1800, il devint préfet de l'Ardèche, d'où
il passa à la préfecture du Calvados, le 2 novembre 1801; en 1810, le 12 février, un décret impérial
l'appela à celle de l'Aube; il fut destitué le 24 février 1814, pour avoir quitté le territoire de son
département et notamment l'arrondissement de No-
gent, lorsque les troupes françaises l'occupaient
encore, et pour n'avoir pas repris ses fonctions au
moment de l'évacuation du chef-lieu de sa préfecture
par l'ennemi. Depuis lors, il est resté sans fonctions,
malgré les pressantes supplications adressées au
gouvernement par les habitans de ce département.
M. Caffarelli, rentré dans la vie privée, reprit l'habit
ecclésiastique, et se livra aux exercices d'une haute
piété; il mourut en son château du Falga, dans le
courant du mois de novembre 1826. La conduite

administrative de **M.** le baron a été, sous tous les rapports, digne des plus grands éloges. C'est à lui qu'est dû la création des perceptions à vie.

CAHOUET, chevalier de la Légion-d'Honneur, naquit en Normandie vers 1783, ancien élève de l'école Polytechnique, a été ensuite capitaine d'artillerie. Il fit les mémorables campagnes de 1805, 1806 et 1807, et se distingua particulièrement à Friedland, où il fut décoré de l'étoile des braves, par l'empereur lui-même. Après le traité de Tilsit, il fut contraint, pour cause de santé, de donner sa démission. Nommé auditeur au conseil d'état, le 12 février 1810, il devint préfet de la Haute-Loire ; il s'y montra habile administrateur. Cependant la restauration ne lui tint pas compte de ses talens ; il fut remplacé, le 10 juin 1814, par M. de Sartiges ; durant les cent jours, il fut en possession de la préfecture des Vosges, mais il en fut dépossédé après la seconde rentrée des Bourbons. Il a occupé successivement, depuis la révolution de 1830, les préfectures du Pas-de-Calais, de la Mayenne et d'Ile-et-Vilaine ; il est mort à Passy, près Paris, en juin 1836.

CALVIÈRE (le baron Jules de), chevalier de Saint-Louis et de la Légion-d'Honneur, né en Languedoc, d'une ancienne famille ; il commanda un corps de royalistes dans le département du Gard, durant les cent jours. La Biographie des hommes vivans prétend qu'il balança, avec quelques succès, les efforts de son compatriote le général Gilly, dans les environs de Beaucaire. Lors des élections du 15 septembre 1815, il fut élu député par les électeurs de son pays ; le collége électoral du département du Gard le nomma de nouveau membre de la chambre des députés , en 1816. Il ne se fit remarquer à l'assemblée législative que par ses votes ministériels et surtout par un grand dévoûment au système adopté par le ministère Villèle qui , le 2 janvier 1823 , le nomma préfet de Vaucluse ; le 7 avril 1824 , il passa, à titre d'avancement , à la préfecture de l'Isère. Sous le ministère Martignac , le 12 novembre 1828 , il fut remplacé par M. de Wisme et envoyé à la préfecture des Hautes-Pyrénées , moins importante que la précédente. Le ministère Polignac étant survenu , M. de Calvière rentra en faveur , et , le 2 avril 1830 , il fut appelé à l'administration du département du Doubs. Ce magistrat ayant caché à ses administrés les proclamations du gouvernement provisoire et celles du lieutenant-général du royaume , jusqu'au 6 août, fut forcé ce jour là d'abandonner son poste. Deux heures seulement lui furent accordées pour faire ses dispositions de départ , et , sous bonne escorte , il fut reconduit aux limites du département. Il est rentré à Saint-Gilles , berceau de sa naissance , où il vit éloigné de toutes fonctions publiques.

CAMBRY (Jacques) , naquit à Lorient , en 1749 ; il fut d'abord destiné à l'état ecclésiastique , mais il ne s'engagea point dans les ordres sacrés ; il se livra à l'instruction , et fit l'éducation des enfans de M. d'Odun , receveur général des finances de la Bretagne , dont il épousa plus tard la veuve. En 1789 , il entra dans la carrière administrative , qu'il parcourut durant tout le cours de la révolution. Lors de la création des préfectures , il obtint celle de l'Oise , dont il se

démit deux ans après, pour se livrer exclusivement
à des travaux scientifiques. Ce littérateur érudit a
publié plusieurs ouvrages ; les plus remarquables
sont : Voyages dans le Finistère, en Suisse et en
Italie; les Monumens celtiques; Description du département de l'Oise, avec un atlas. M. Cambry est
mort à Cachant, près Paris, le 31 décembre 1807,
frappé par une attaque d'apoplexie foudroyante, au
moment, dit le *Moniteur*, où il venait d'être nommé
candidat au sénat conservateur.

CAMUS-DUMARTROY (le baron Emmanuel),
officier de la Légion-d'Honneur, conseiller d'état en
service extraordinaire, d'une ancienne famille de
Bretagne ; il a commencé sa carrière dans les emplois, sous le gouvernement impérial : il fut d'abord
nommé successivement auditeur au conseil-d'état,
sous-préfet et préfet de la Creuse ; le 29 juin 1814,
il fut remplacé par M. d'Allonville, et nommé maître
des requêtes en service extraordinaire. Il n'occupa
aucune fonction pendant les cent jours ; après le retour du roi, le 14 juillet 1815, il fut appelé à succéder à M. Baude, préfet de l'Ain ; le 19 juillet 1820,
il passa à la préfecture du Puy-de-Dôme, et le
27 juin 1823, une ordonnance royale l'appela à celle
des Ardennes ; mais il donna immédiatement sa démission, et ne conserva que le titre de maître des
requêtes en service extraordinaire. Sous le ministère
Martignac, le 12 novembre 1828, il obtint la préfecture de la Haute-Garonne, qu'il administra jusqu'à la révolution de 1830. Le gouvernement de
Louis-Philippe lui a accordé une pension de retraite
en 1838.

CAPELLE (le baron Antoine-Guillaume-Benoît),
officier de la Légion-d'Honneur, né à Salles-Curant
(Aveyron), le 9 septembre 1775 ; à l'âge de 17 ans,
il était lieutenant des grenadiers dans le 2ᵉ bataillon
des Pyrénées-Orientales, et fut destitué en 1794.
Ensuite, il fut commandant de la garde nationale de
Milhau pendant plusieurs années ; vers le commencement du gouvernement consulaire, ce jeune commandant fut envoyé par cette ville à Paris, pour
solliciter des établissemens qu'elle désirait obtenir ;
nous ignorons si sa mission fut remplie avec succès
quant à son objet ; mais ce que nous savons fort
bien, c'est que, quant à lui, personnellement, il ne
s'oublia point : le ministre de l'intérieur Chaptal lui
donna une place dans les bureaux du ministère. Le
27 ventôse an X (18 brumaire 1802), il fut nommé
secrétaire-général de la préfecture des Alpes-Maritimes, à Nice, d'où il passa, en cette qualité, à Coni
(Stura); en février 1808, il obtint la préfecture de
Livourne, et, le 30 novembre 1810, il fut appelé
à celle de Genève. Il abandonna cette préfecture
le 29 décembre 1813, à l'approche des Autrichiens,
sans avoir pris aucune mesure, ni opposé la moin-
dre résistance à l'armée ennemie qui entra le lendemain, 30, l'arme au bras dans Genève ; un décret
impérial, du 4 janvier 1814, suspendit de ses fonctions
M. Capelle, et ordonna qu'il serait traduit pardevant
une commission d'enquête, qui, sur le rapport de
M. Faure, conseiller d'état, déclara la non culpa-
bilité de ce préfet.

Le 10 juin 1814, le gouvernement du roi lui confia
la préfecture de l'Ain ; les évènemens du 20 mars 1815
le forcèrent de se retirer, et il se rendit à Gand, où

il fesait partie du conseil privé de Louis XVIII ; rentré à Paris avec ce monarque, en juillet suivant, une ordonnance royale du 14 de ce mois l'appela à la préfecture du Doubs, avec le titre de conseiller d'état en service extraordinaire. Dans le procès du maréchal Ney, il fut un des témoins indiqués par l'accusé et assignés à la requête de M. le procureur général. Le 1er janvier 1816, il fut nommé conseiller d'état en service ordinaire, et remplacé dans sa préfecture par M. Scey de Montbeillard. A cette époque, le roi lui confia aussi les fonctions de secrétaire-général du ministère de l'intérieur ; le 26 août 1824, M. le secrétaire-général fut chargé en outre de la direction de l'administration générale des départemens. A la chute du ministère Villèle, M. Capelle fut appelé à la préfecture de Seine-et-Oise, en remplacement de M. de Tocqueville, élevé à la pairie.

Le 19 mai 1830, il accepta, sous la présidence du conseil de M. de Polignac, le portefeuille du ministère des travaux publics, et il signa en cette qualité les ordonnances du 25 juillet suivant, qui firent crouler le trône de Charles X. M. Capelle, dans ses courses errantes, après les journées de Juillet, reçut dans divers endroits une hospitalité généreuse ; il passa 15 jours dans la maison de campagne d'un particulier qui n'avait eu jusqu'alors avec lui aucune espèce de relation, et qui connaissait à peine son nom. Il revint dans Paris, vers les premiers jours de septembre, ne sachant où reposer sa tête. Il fut sur le point de se livrer à la commission d'enquête, persuadé qu'il ne s'agissait que d'une affaire d'opinion, et qu'on le rendrait bientôt à la liberté. Ses amis le dissuadèrent de cette résolution insensée ;

il prit le parti de demeurer dans la capitale et d'attendre l'occasion favorable pour en sortir. Le départ d'un de ses amis par la malle-poste de Metz lui en fournit le moyen. Le 11 octobre, à 6 heures du soir, l'ex-ministre se rendit, lui, troisième dans la cour de l'hôtel des postes : les épais favoris qui ombrageaient sa figure étaient tombés sous le rasoir , une perruque blonde cachait sa chevelure d'un noir foncé ; en un mot il était méconnaissable. Il n'avait point de passeport ; mais l'ami généreux qui se chargea de sa délivrance, avait fait mentionner sur le sien la présence de deux domestiques, et c'est à la faveur d'une obscure livrée , que M. Capelle parvint à sortir du territoire français et à se rendre auprès de Charles X. Plus tard , un arrêt de la chambre des pairs , le condamna par contumace , à la détention perpétuelle.

CARRÈRE DE LOUBÈRE (le comte Joseph-Marie), officier de la Légion-d'Honneur, chevalier de Saint-Louis , né à Mont-de-Marsan , le 25 janvier 1753, était en 1775 capitaine des grenadiers au régiment d'Auvergne , avec lequel il passa en Amérique ; il se distingua au siége d'Yorck-Town , en Virginie. Rentré en France , après la conclusion de la paix en 1783 , il reçut la décoration de l'ordre royal et militaire de Saint-Louis ; en 1791 , il demanda et obtint sa retraite , étant privé de l'usage de son bras droit. Il n'émigra pas , mais , s'il faut en croire la Biographie des hommes vivans , il éprouva des persécutions dans le cours de la révolution. Sous le gouvernement impérial , il accepta les fonctions de conseiller d'arrondissement. Le 10 juin 1814 , une ordonnance royale confirma sa nomination à la pré-

fecture des Landes, où il avait été appelé précédemment par le duc d'Angoulême. Il perdit sa
préfecture par suite des évènemens du 20 mars 1815,
et la recouvra au second retour du roi; Sa Majesté
lui conféra le titre de comte, le 31 janvier 1816, et
lui accorda sa retraite, le 13 avril 1817.

CARRIÈRE (le chevalier de), a été sous-préfet
de Carcassonne sous l'empire, de Prades et d'Abbeville sous la restauration, et, le 20 septembre 1829,
il devint préfet de l'Ardèche; il fut remplacé après
la révolution de 1830.

CASTEJA-BIAUDOS (le comte Jules de), commandeur de la Légion-d'Honneur, de l'ordre impérial
d'Autriche, et de l'ordre de Saint-Ferdinand des
Deux-Siciles, fut nommé auditeur au conseil d'état,
près la direction des vivres en 1810; plus tard, il
devint sous-préfet de l'arrondissement de Boulogne,
où successivement il donna à l'empereur et à la branche aînée des Bourbons des témoignages éclatans d'un
grand dévoûment. Cependant Napoléon, remonté sur
le trône impérial, M. de Casteja fut remplacé; il se
rendit à Gand.
Rentré en France après le second retour du roi,
il fut appelé, le 14 juillet 1815, à la préfecture du
Haut-Rhin, d'où il passa, le 19 juillet 1819, à celle
de la Haute-Vienne; un mouvement administratif
survenu le 27 juin 1823, le porta à la préfecture
de la Vienne, où il resta environ cinq ans. Sous le
ministère Martignac, le 27 janvier 1828, il avait été
appelé à remplacer M. Foresta, préfet de la Meurthe,
passé à la préfecture de la Vendée; mais, atteint d'une

maladie grave , il ne se rendit pas à ce nouveau poste , et mourut à Paris, où il se trouvait comme député , le 11 mars de la même année.

Il a été inhumé au cimètière du Père-Lachaise , où ses parens lui ont fait élever un superbe monument.

CASTELLANNE (le marquis Esprit-Boniface-André de) , lieutenant-général , pair de France , grand-officier de la Légion-d'Honneur , naquit en 1768, le 4 août, d'une ancienne famille de Provence ; il était colonel d'infanterie lorsque , en 1789 , la noblesse du Château-Neuf le nomma député aux États-Généraux , où il se réunit au Tiers-État.

En février 1790 , ses collègues le nommèrent secrétaire de l'assemblée nationale ; deux ans après , dans le mois de mars 1792 , il obtint le grade de maréchal-de-camp , dont il se démit immédiatement après la déchéance du roi prononcée le 10 août suivant. Il éprouva ensuite quelques persécutions de la part du gouvernement révolutionnaire ; il fut mis en état d'arrestation , mais il recouvra sa liberté vers la fin d'octobre 1794.

Le 26 octobre 1795 , il fut condamné , mais par contumace, à la peine de mort, convaincu d'avoir signé , en qualité de président de la commission militaire de Lepelletier , un ordre dont l'objet était de détourner , à l'avantage des révoltés , des vivres destinés aux défenseurs de la république. Plus tard , il fut relevé de ce jugement , et vécut dans la retraite.

Le 13 avril 1802 (23 germinal an X) , il fut appelé à la préfecture des Basses-Pyrénées.

En 1804 , il déploya le plus grand zèle pour purger ce département des Bohémiens dispersés en vingt endroits différens : par ses promptes et sages mesures, ils furent tous, dans une seule et même nuit, enveloppés comme dans un filet, et conduits à bord de vaisseaux qui les débarquèrent sur la côte d'Afrique. Cette mesure vigoureuse, qui reçut dans son exécution tous les adoucissemens que la justice et l'humanité réclament, fut un véritable bienfait pour les Basses-Pyrénées. Ce magistrat fut nommé, à cette occasion, officier de la Légion-d'Honneur.

Le 10 avril 1810, il perdit sa préfecture ; mais il entra au conseil d'état comme maître des requêtes en service ordinaire. Lors des événemens de 1814, il donna son adhésion à la déchéance de Napoléon ; le 8 juillet, Louis XVIII le décora de la croix de Saint-Louis, et de celle de commandeur de la Légion-dHonneur ; trois mois après, M. de Castellanne se retira à la campagne pendant les cent jours, et revint sur la scène politique après la seconde rentrée des Bourbons ; à cette époque, il fut créé pair de France et promu au grade de lieutenant-général.

En 1823, le roi lui conféra le cordon de grand-officier de la Légion-d'Honneur. Ce noble pair, doué d'un caractère indépendant, est mort à Paris, le 21 février 1837.

CASTELLANNE (le comte César de), issu de la même famille que le précédent, mais moins connu, débuta dans la carrière administrative en 1813 : il fut nommé auditeur au conseil d'état, et, en cette qualité, il adhéra à la déchéance de Napoléon. Le 19 juillet 1814, il devint secrétaire-général de la préfecture des Bouches-du-Rhône ; plus tard, sous-préfet de Beziers, et, enfin, le 22 septembre 1824,

préfet du Finistère. Il a perdu sa préfecture à la révolution de 1830.

CAVAIGNAC (le comte Jean-Baptiste), naquit
à Gourdon (Lot), en 1762 ; il était avocat lorsque vers
le commencement de la révolution, il fut nommé
administrateur central de son département. Élu par
ses concitoyens, en septembre 1792, député à la
Convention nationale, il vota la mort de Louis XVI,
sans appel et sans sursis. Après le procès du roi, il
fut envoyé en mission près de l'armée de l'Ouest ;
lors des événemens du 31 mai 1793, ce représentant
du peuple, encore en mission, se rendit à Lorient,
où se trouvaient deux de ses collègues, Merlin de
Douai et Sevestre ; là, ces trois députés rédigèrent,
signèrent et envoyèrent à la Convention nationale
une protestation énergique contre ce coup d'état.
Cette protestation faillit leur devenir funeste : elle
fut dénoncée à la Convention ; mais, par une heu-
reuse circonstance, cette assemblée reçut la nouvelle
de la levée du siège de Nantes, où ces trois conventionnels s'étaient renfermés, en même temps que la
dénonciation ; de sorte que celle-ci passa inaperçue.
Bientôt après, il fut envoyé à l'armée des Pyrénées-
Occidentales, et plus tard, à celle de Rhin-et-
Moselle ; durant le cours de ces deux missions
successives, le représentant Cavaignac, aussi actif
que patriote, se distingua comme soldat et comme
administrateur ; on lui a reproché, à la vérité, d'a-
voir commis quelques actes d'exagération, d'avoir
pris part à des mesures acerbes ; mais aussi on a eu
égard aux circonstances où il se trouva placé et pouvant, en quelque sorte, justifier sa conduite.

Rentré dans le sein de la Convention nationale,
il se couvrit de gloire dans les journées des 1, 2 et
3 prairial an XIII (20, 21 et 22 mai 1795), et contribua
puissamment par sa conduite héroïque, à sauver
cette assemblée menacée des plus grands dangers ;
cet intrépide représentant, dont les jours furent en
péril, dut son salut à un honnête citoyen qui reçut
à titre de récompense un sabre d'honneur.

M. Cavaignac se distingua encore dans la fameuse
et mémorable journée du 13 vendémiaire an IV
(5 octobre 1795); la victoire, remportée par la Convention nationale sur les sections de Paris, fut en
grande partie due aux sages et énergiques mesures
de ce conventionnel. Devenu membre du conseil
des Cinq-Cents, il en sortit en 1797, et vécut dans
l'obscurité pendant quelques années.

Le 29 fructidor an X (16 septembre 1802), le
gouvernement consulaire l'envoya à Pondichery, en
qualité de commissaire des relations commerciales ;
mais le gouvernement britannique s'étant opposé
formellement à ce qu'il pût exercer ses fonctions,
M. Cavaignac rentra en France. En 1806, il se rendit à Naples, chargé de la direction générale des
domaines de ce royaume : plus tard, il fut créé comte
par le roi Joachim Murat ; il reçut à cette époque la
décoration de commandeur de l'ordre royal des Deux-
Siciles et fut nommé conseiller d'état. Il conserva
tous ses emplois jusqu'en 1814, époque à laquelle
il revint dans sa patrie.

Sous le gouvernement provisoire, dans les cent
jours, il devint préfet de la Somme ; mais il ne conserva
que quelques jours cette préfecture, Louis XVIII à
son retour lui ayant envoyé un successeur.

Frappé par la loi du 12 janvier 1816, il se refugia à Bruxelles, où il exerça sa profession d'avocat jusqu'au 24 mars 1829, époque à laquelle il mourut d'un anevrisme dont l'effet fut presque subit.

CELLES (le comte Antoine - Philippe - Fiacre - Ghislain-Wischer de), commandeur de la Légion-d'Honneur, beau-frère du maréchal Gerard, est né à Bruxelles le 10 octobre 1779 ; il reçut une brillante éducation qu'il termina dans les Universités d'Allemagne et d'Italie. En 1803, il fut nommé membre du collége électoral de la Dyle, et désigné ensuite par ce même collége pour faire partie de la députation qui fut envoyée au premier consul Bonaparte ; puis, il entra au conseil municipal de sa ville natale, où il se fit remarquer par le développement de ses vues pour l'amélioration du régime financier ; tous les moyens proposés par ce jeune conseiller furent adoptés.

M. de Celles fixa, par ses talens, l'attention de l'empereur Napoléon, qui l'appela au conseil d'état comme auditeur ; sa première opinion dans ce conseil fut une bonne fortune : il s'agissait des intérêts de ses compatriotes et Napoléon présidait. Il présenta au conseil un tableau lumineux de la situation financière de la ville de Bruxelles ; il démontra d'une manière invincible que si les charges de cette importante cité n'étaient pas augmentées, elle pourrait satisfaire à ses engagemens, tandis que dans le cas contraire, elle serait hors d'état de payer. Ces engagemens consistaient en plusieurs rentes constituées à la charge de la ville dont le projet de décret ordonnait la réduction pour la confection du budget; le projet fut retiré.

Le 10 décembre 1806, il devint préfet de la Loire-Inférieure ; durant le cours de son administration dans ce pays il se montra actif et prévoyant. La ville de Nantes lui doit la construction d'une Bourse de commerce , de la salle de spectacle , du vaste bâtiment de la bibliothèque, d'un cabinet d'histoire naturelle et de plusieurs autres édifices publics et quais. Le 13 décembre 1810, au grand regret des Nantais , il passa à la préfecture du Zuyderzée (Amsterdam) ; M. de Celles éprouva de grandes difficultés pour vaincre les habitudes des Hollandais, relativement à l'exécution des lois et décrets de l'empire. Il fut, dit-on, sévère, mais avec justice et impartialité ; et , si en raison de cette sévérité il ne fut pas aimé, du moins on peut dire qu'il ne fut point haï.

Par suite des événemens de 1814, il rentra dans la vie privée et revint à Bruxelles ; il fut élu en 1825, membre de la seconde chambre des Etats-Généraux, où il fit partie de l'opposition libérale ; un an après , le roi des Pays-Bas lui confia l'ambassade près la cour du Saint-Siége, à Rome.

M. le comte de Celles a fixé son domicile à Paris, depuis quelques années, et a obtenu de Louis-Philippe , le 6 mars 1833, des lettres-patentes de grande naturalisation.

CHABROL DE CROUZOLS (le comte Christophe de) , commandeur de la Légion-d'Honneur, naquit à Riom (Puy-de-Dôme), le 14 novembre 1771, d'une ancienne famille d'Auvergne ; il se destina dans sa jeunesse à l'état ecclésiastique, et passa ses premières années dans la congrégation de l'Oratoire.

Forcé d'abandonner sa carrière par suite de la révolution, il fut renfermé pendant tout le temps de
la terreur dans une maison de réclusion et ne recouvra sa liberté qu'après la chute de Robespierre.

A la création du conseil d'état, il fut appelé à en
faire partie, comme auditeur ; il ne tarda pas à s'y
faire remarquer ; l'empereur l'avait surnommé le
Nestor des auditeurs. Plus tard, il passa aux fonctions de maître des requêtes en service ordinaire et
envoyé, comme président du conseil souverain et
extraordinaire de liquidation, en Toscane.

En 1811, il fut nommé président à la cour impériale de Paris ; il n'y resta pas long-temps ; dans la
même année, il fut appelé successivement aux emplois financiers d'intendant-général des provinces
illyriennes, et d'intendant-général du trésor dans
le Piémont et les départemens au-delà des Alpes ;
mais les événemens de 1814 le ramenèrent en France.
Louis XVIII nomma l'ex-intendant conseiller d'état
et préfet du Rhône. Napoléon ayant débarqué sur
les côtes de France le 1er mars 1815, M. le préfet de
Lyon employa toute son activité pour conserver au
roi cette importante cité ; tous ses efforts échouèrent ;
l'empereur, quelques jours après, y fit son entrée.
M. de Chabrol n'eut que le temps de se sauver ; il
se retira dans les montagnes d'Auvergne, très-dé-
sappointé comme on le pense bien.

Après le désastre de Waterloo, et aussitôt que
Lyon fut occupé par les troupes de la coalition, il
s'empressa d'y retourner pour y reprendre l'exercice
de ses fonctions. Il administra cette importante préfecture jusqu'au mois d'octobre 1817, souvent au
milieu des circonstances les plus difficiles. M. de

Chabrol , remplacé par M. Lezai-de-Marnesia , se rendit à Paris , où il parvint à se faire nommer sous-secrétaire d'état au ministère de l'intérieur ; il perdit cet emploi à l'avènement de M. Decazes au ministère. Sa disgrâce n'eut pas une longue durée : le ministère Decazes tomba, M. Barrairon mourut , et M. de Chabrol , par la toute puissance du nouveau ministère , s'éveilla, le 23 janvier 1821 , directeur-général de l'enregistrement et des domaines.

Le 4 août 1824 , il fut appelé au ministère de la marine , et quelque temps après , créé pair de France ; en 1828 , il remit son portefeuille au roi ; S. M. le nomma ministre d'état et membre de son conseil privé avec une pension annuelle de vingt mille francs. Le 8 août 1829, époque à laquelle le ministère Martignac se retira , M. le comte fut pourvu du portefeuille des finances en remplacement de M. le comte Roy ; fort heureusement pour lui , il eut la prudence de donner sa démission le 19 mai 1830; deux mois plus tard , il aurait infailliblement fait cause commune avec ses imprudens collègues qui , par leur téméraire entreprise , aidèrent le roi Charles X à se précipiter de son trône.

Cet ex-ministre , rentré dans la vie paisible et tranquille de l'homme privé , est mort en son château de Chabannes (Puy-de-Dôme) , le 7 octobre 1836.

CHABROL DE VOLVIC (le comte Gilbert-Joseph-Antoine-Gaspard de) , grand'croix de la Légion-d'Honneur et décoré de plusieurs ordres étrangers , frère puîné du précédent , gendre du duc de Plaisance , ancien archi-trésorier de l'empire , est né à Riom le 25 septembre 1773. Admis à l'école polytechnique en 1794 , il fut un des élèves désignés par M. Fourier pour être adjoint au nombre des savans qui devaient accompagner le général Bonaparte en Egypte. Il fit cette campagne avec le grade d'officier du génie.

Rentré en France, il abandonna la carrière des armes pour embrasser la carrière administrative qui convenait mieux à son caractère pacifique. Il obtint successivement une place d'auditeur au conseil d'état, et la sous-préfecture de Napoléon-Ville ; le 31 janvier 1806, il devint préfet du département de Montenotte , où il se distingua par de grands talens administratifs.

M. Frochot, préfet de la Seine, ayant été destitué le 23 décembre 1812, M. de Chabrol fut appelé à lui succéder. Il se retira durant les cent jours, et reprit ses fonctions après le second retour du roi, et les continua jusqu'à la révolution de 1830, époque à laquelle il fut remplacé par M. Odilon Barrot. Membre de la chambre des députés depuis plusieurs années , il adressa le 9 août 1830 , à M. le président de la chambre, sa démission dans les termes suivans : « Ma santé affaiblie après 36 ans de services, et des » sentimens profonds que ma raison combat sans » pouvoir les vaincre, me forcent de prier la cham- » bre d'accepter ma démission. » Durant le cours de sa carrière législative , M. de Chabrol a toujours fait partie de la phalange ministérielle. Il jouit d'une pension de six mille francs depuis 1836. Il a été nommé député à Riom, le 3 mars 1839.

CHAILLOU (le baron Claude-Étienne) , est né à Beaumon-le-Ferrière (Nièvre) , en 1784 ; il fut d'a-

bord nommé auditeur au conseil d'état, puis successivement intendant de plusieurs provinces conquises.
Il s'attira quelques reproches sur son administration
dans la Silésie ; il encourut la disgrâce de l'empereur , et resta quelque temps sans emploi ; mais par
le crédit du duc de Cadore , son beau-père , il rentra
en faveur : le 7 août 1810, il obtint la préfecture de
l'Ardèche, qu'il administra jusqu'en 1814. Il reparut
sur la scène politique comme préfet de la Creuse ,
pendant les cent jours de 1815 , et il s'éclipsa de
nouveau à la seconde restauration.

Après la révolution de 1830 , il a été nommé aux
fonctions honorables et gratuites de membre du
conseil général de l'Yonne.

CHAMISSO (le comte Charles de) , chevalier de
Saint-Louis et de la Légion-d'Honneur , naquit à
Ante, arrondissement de Sainte-Menehoult (Marne),
le 7 septembre 1774 ; il était premier page de
Louis XVI lorsqu'il émigra. Il servit dans l'armée
des princes, avec le grade de capitaine de cavalerie.
Rentré en France à l'époque de l'amnistie , il n'occupa aucun emploi sous le consulat, ni sous le gouvernement impérial , et ce ne fut qu'après la seconde
restauration qu'il débuta dans la carrière administrative par la préfecture de Sainte-Menehoult.

Le 15 février 1817 , il obtint la préfecture du Lot,
où il se distinguait par une administration éclairée
et toute paternelle , lorsque parut l'ordonnance du
9 janvier 1822, qui le révoqua de ses fonctions.

M. de Chamisso a montré, durant le cours de son
administration départementale , un esprit toujours
supérieur à toutes les difficultés, une grande apti-

tude aux affaires et surtout une bonté toute paternelle pour ses administrés. Des chagrins cruels et
rapprochés, la mort de son épouse, sa brutale destitution arrivée peu de temps après, ont avancé pour
lui le terme de la vie. Il est mort à Paris, le 13 décembre 1822.

CHAPPER (Achille), officier de la Légion-d'Honneur; immédiatement après la révolution de 1830,
il devint successivement préfet du Tarn-et-Garonne
et du Gard; l'un des premiers actes de son administration à Nîmes fut l'enlèvement des croix qui fai-
saient l'ornement de plusieurs places publiques de
cette ville; aucun ouvrier n'ayant voulu y concourir,
il fit venir de Montpellier un régiment du génie pour
cette opération. Le 22 octobre 1831, il passa à la
préfecture de la Côte-d'Or, où il est encore.

CHARVET DE NANCY administra le département des Pyrénées-Orientales, du 3 mars 1800, au
4 mars 1801.

Voilà ce que nous a appris le Bulletin des lois.

CHASSEPOT DE CHAPELAINE (le baron),
chevalier de la Légion - d'Honneur; après avoir
occupé pendant quelques années une sous-préfecture dans le département des Alpes-Maritimes, il
succéda à M. Dupont-Delporte, dans la préfecture
de l'Ariège, le 7 août 1810, et non (comme le prétend la Biographie qui parut en 1826), à M. Brun,
qui n'était plus préfet de ce département depuis
deux ans. Cette même Biographie annonce que
M. Chassepot fut conservé par le roi en 1814; mais

nous, plus scrupuleux dans nos recherches, nous affirmons qu'il n'en a pas été ainsi, et que, par ordonnance royale du 10 juin de la même année, M. le marquis de Nicolaï fut appelé à le remplacer. Malgré sa disgrâce et son titre de baron de l'empire, M. Chassepot ne fut point employé dans les cent jours ; mais après la seconde restauration, il revint sur l'eau : il fut renvoyé à sa préfecture de l'Ariège qu'il conserva jusques vers le commencement de 1819.

Ce fonctionnaire ne fut pas étranger aux poursuites qui, en 1815, furent dirigées contre M. Pagès, avocat, aujourd'hui l'un des membres distingués de la chambre élective.

CHAULIEU (baron des Rotours), chevalier de la Légion-d'Honneur, issu de la même famille d'un fameux poète de ce nom, favori du duc de Vendôme et qui mourut à Paris en 1720 ; il fut nommé sous-préfet de Cherbourg par le gouvernement de la restauration en 1815 ; il devint préfet du Finistère, le 19 juillet 1820. Il passa, sous le ministère Villèle, à la préfecture de la Loire, qu'il a administrée jusqu'à la chute de Charles X. Il se retira, à cette époque, en son château de Chaulieu, près Sourdeval.

CHAZALS (le baron Jean-Pierre), officier de la Légion-d'Honneur, est né au Pont-Saint-Esprit, le 1er mars 1766 ; il a été nommé en septembre 1792, par le département du Gard, à la Convention nationale ; il y vota la mort de Louis XVI avec l'amendement de Mailhe, qui tendait à examiner s'il ne serait pas utile de retarder l'exécution ; il opina pour l'appel au peuple. Il fut ensuite successivement membre du comité du salut public et envoyé en mission dans plusieurs départemens du Midi ; sa conduite y fut pleine de modération.

Après la session conventionnelle, il entra au conseil des Cinq-Cents, où il parla contre les émigrés et prononça un discours apologétique sur la journée du 18 fructidor. Sorti du conseil en 1798, il y rentra bientôt après, et le présida depuis le 3 vendémiaire an VIII (25 septembre 1799), jusqu'au 3 brumaire suivant (25 octobre); il fut remplacé à la présidence par Lucien Bonaparte.

M. Chazals se montra très-favorable à la journée du 18 brumaire; il entra ensuite au tribunat, et, le 30 fructidor an X , il devint préfet des Hautes-Pyrénées ; le 12 mars 1813 , il fut appelé à la préfecture des Hautes-Alpes, dont il fut privé le 13 janvier 1814. On a toujours ignoré les motifs de cette disgrâce ; cependant il ne fut pas employé par le gouvernement du roi, et l'empereur Napoléon lui confia, pendant les cent jours de 1815, la préfecture du Finistère.

Contraint de sortir de France , en vertu de la loi du 12 janvier 1816 , il se retira dans le royaume des Pays-Bas , où il demeura jusques après la chute de Charles X Rentré en France, il a fixé son domicile politique dans le département de Tarn-et-Garonne ; le 12 décembre 1830, il a obtenu une pension annuelle de mille francs, en indemnité de la perte qu'il éprouva sous la restauration d'une dotation de quatre mille francs , dont il jouissait sous le gouvernement impérial.

CHAZELLE-LUNAC (le comte de), comman-

deur de la Légion-d'Honneur, né à Nîmes en 1778 ;
doué d'une bonne intelligence des affaires administratives, il fut nommé en 1812, sous-préfet à Muret
(Haute-Garonne.) Il servit Napoléon non seulement
avec zèle, mais encore avec le plus grand dévoûment ; en 1817 il quitta Muret pour aller administrer
la sous-préfecture de Lorient, et, le 12 août 1818,
il fut appelé à remplacer M. le marquis de Guer,
préfet du Morbihan.

Il conserva cette préfecture jusqu'au mois d'août
1830, époque de sa destitution. M. de Chazelle était
en outre conseiller d'état en service extraordinaire
depuis 1820.

CHEMINADE, avocat, officier de la Légion-
d'Honneur, ancien secrétaire-général de la préfecture de l'Isère, nommé préfet des Basses Alpes,
le 14 février 1832, et appelé aux fonctions de conseiller à la cour royale de Grenoble, le 6 août 1835. Il
a été nommé officier de la Légion-d'Honneur en 1836.

CHERON (Louis-Claude), littérateur distingué,
naquit à Paris, le 28 octobre 1758 ; il était administrateur de Seine-et-Oise, lorsque ce département le
nomma en 1791, membre de l'assemblée législative,
où il se distingua par une fermeté rare. Néanmoins
son patriotisme ne le mit point à l'abri des persécutions ; il fut incarcéré en 1793, et il eût infailliblement succombé sous le glaive révolutionnaire sans
la journée du 9 thermidor.

Rendu à la liberté, M. Cheron fut élu député au
conseil des Cinq-Cents ; il refusa ce nouveau témoignage de confiance et reprit ses travaux littéraires.

Il a publié divers ouvrages fort estimés, notamment une comédie en cinq actes et en vers, intitulée : Le Tartufe des Mœurs, qui lui a donné une place distinguée parmi nos poètes comiques.

Le 13 thermidor an XIII (1er août 1805), le gouvernement lui confia la préfecture de la Vienne; M. Cheron quitta les bords de l'Oise, abandonna les muses et se rendit à Poitiers, où il mourut dans l'exercice de ses fonctions, le 13 octobre 1807.

CHEVALIER (Jean - George - Louis - Armand , baron de Caunan), chevalier de la Légion-d'Honneur, né en 1778, à Chandernagor (Bengale), où son père était gouverneur; il entra au conseil d'état comme auditeur, le 1er août 1810. Cinq mois après, il fut nommé sous-préfet à Blois, d'où il passa à la sous-préfecture de Dreux, le 8 avril 1813; remplacé au retour de Napoléon en 1815, il reprit ses fonctions à la seconde restauration.

Le 27 mars 1818, il obtint la préfecture du Var, mais il la perdit le 27 juin 1823, sous le ministère Villèle. Cependant en 1824, il devint maître des requêtes en service ordinaire; le 27 janvier 1828, sous le ministère Martignac, il rentra dans l'administration départementale comme préfet des Landes. Le 4 avril 1830, il passa à la préfecture de la Meuse ; à peine eut-il le temps de s'installer dans ce pays, que la révolution de 1830 mit fin à sa carrière administrative.

M. le baron de Caunan conserve encore le titre honorifique de maître des requêtes en service extraordinaire qu'il avait reçu de Charles X , et a été nommé membre du conseil général de Loir-et-Cher.

CHOISEUIL D'AILLECOURT (le marquis Ma-
xime-André de), chevalier de la Légion-d'Honneur,
et de Saint-Jean-de-Jérusalem, membre de l'académie des inscriptions et belles-lettres, est né à Paris
en 1775; il parut sur la scène politique en 1809,
comme auditeur au conseil d'état.

Vers le commencement de 1811, il quitta le conseil pour aller occuper la sous-préfecture de Versailles, d'où il passa à celle de Morlaix en 1813;
lors des événemens de 1814, ce fonctionnaire s'em_
pressa de se ranger sous la bannière des Lys, et fut
l'un des premiers à abandonner la cause impériale.
Sa conduite dans cette circonstance fut remarquée,
et la récompense suivit de près le dévoûment : il fut
nommé, le 21 avril 1814, par S. A. R. Monsieur,
préfet de l'Eure, et cinq mois après il reçut du roi
la croix de la Légion-d'Honneur.

Au retour de Napoléon, M. de Choiseul laissa son
royalisme de côté, et se prononça ouvertement par
une proclamation énergique en faveur de l'empereur;
mais ce monarque ne lui tint aucun compte de ses
protestations, il fut destitué et remplacé par M. Maurice Duval. Le 12 juillet 1815, M. de Choiseul fut
appelé à la préfecture de la Côte-d'Or; le 31 janvier 1816, il passa à celle de l'Oise, d'où il sortit
pour aller administrer le département du Loiret,
le 6 août 1817. Disgracié, sous le ministère Decazes,
il revint en faveur à la chute de ce ministre, et, le
3 avril 1828, il obtint de nouveau la préfecture de
la Côte-d'Or, qu'il refusa.

M. de Choiseul a fourni plusieurs articles à la
Biographie universelle. Il est auteur d'un ouvrage
sur les croisades qui a été couronné par l'académie.

CHOISEUIL (le comte de), ancien secrétaire général de la préfecture du Bas-Rhin , fut nommé, le 2 avril 1830, préfet de la Corse , où il fut remplacé en août de la même année.

CHOPPIN D'ARNOUVILLE , conseiller d'état en service extraordinaire , commandeur de la Légion-d'Honneur , né en 1777 , obtint sous le gouvernement impérial une place d'auditeur au conseil d'état. En 1814, il fut nommé maître des requêtes , et , le 27 août 1817 , il devint préfet de l'Isère. Il ne fut pas heureux dans ce pays : soit par caprice ou par tout autre motif, il resta près de trois ans à Grenoble , presque isolé , réduit à ses seuls employés et à un très-petit nombre d'amis.

M. d'Arnouville , quoique doué d'un caractère impassible, frappé d'un tel isolement, demanda son changement, et, le 30 janvier 1820, il obtint la préfecture du Doubs, où il ne fit que paraître. Il resta sans emploi jusqu'au mois d'août 1830, époque à laquelle le gouvernement de Louis - Philippe lui confia l'administration de la préfecture du Doubs, dont il avait été dépossédé le 19 juillet 1820. Il passa à la préfecture du Bas-Rhin , le 30 septembre 1831 , et fut nommé commandeur de la Légion-d'Honneur. Lors des événemens survenus à Strasbourg, à l'occasion de la tentative du prince Louis Bonaparte , ce préfet fut arrêté par ordre de ce prince, conduit à la caserne et jeté dans un cachot ; après une détention d'environ deux heures, il recouvra sa liberté par les soins de quelques officiers de la garnison , qui le reconduisirent à son hôtel.

Il a été admis, le 23 juillet 1837, à faire valoir ses

droits à la retraite , et nommé conseiller d'état en service extraordinaire , avec autorisation de participer aux travaux du conseil. En septembre 1838, il a obtenu une pension de 6,000 fr., inscrite au trésor.

CHOPPIN D'ARNOUVILLE, fils du précédent, après avoir été pendant quelques années , depuis la révolution de 1830, sous-préfet au Hâvre , il fut nommé préfet des Ardennes , le 22 août 1837, où il est encore.

CHRISTIANI DE RAVARAN, né à Gênes , en 1769, servit pendant quelques années dans l'armée sarde ; lors de la nouvelle organisation administrative du Piémont, il accepta les fonctions de sous-préfet d'Asti ; le 9 mai 1811 , il devint préfet de Loir-et-Cher. Il administra ce département jusqu'à l'époque des cent jours ; M. Corbigny, ancien préfet de ce pays , lui succéda.

M. Christiani, qui a laissé d'honorables souvenirs à Blois, rentra dans sa patrie, où il était en 1821 , directeur général de la police du royaume.

CINTRÉ (le comte Huchet de), officier de la Légion-d'Honneur, était officier de marine lorsqu'il émigra ; il servit dans l'armée du prince de Condé. Rentré en France , il se rallia au gouvernement de Napoléon , et devint successivement auditeur au conseil d'état et sous-préfet de Rennes. Le 14 juillet 1815 , il obtint la préfecture du Finistère, et , le 10 février 1819 , il passa à celle de la Dordogne. Les Périgourdins rendent un éclatant témoignage à la bonne administration de M. Cintré qui , à leur grand regret, donna sa démission dans les premiers jours de l'année 1828; le gouvernement lui donna alors la croix d'officier de la Légion-d'Honneur, en récompense de ses bons services.

CLOGENSON, avocat, natif de la Normandie, nommé préfet de l'Orne, le 5 août 1830, remplacé par M. Derville-Maleschard, le 14 juillet 1833. Il est conseiller à la cour royale de Rouen depuis le 29 novembre de la même année. Il a été élu député en 1835, par le collége électoral de Seez (Orne), et a été rélu aux élections de 1837. Il est du nombre des 221 qui ont approuvé le système politique du ministère Molé. Sa réélection a échoué; il a été remplacé à la chambre par un candidat de la coalition.

COCHELET (Adrien-Louis), frère de Melle Cochelet, ancienne lectrice de la reine Hortense, fut d'abord auditeur au conseil d'état, près la section des finances et du trésor public; il fit ensuite, en cette qualité, la campagne de Moscou et devint intendant du gouvernement de Byalistock chargé d'insurger les Polonais contre les Russes. Rentré en France après le malheureux désastre de cette campagne, il accompagna le sénateur Doulcet de Pontecoulant à Bruxelles, pour le seconder dans ses opérations de commissaire extraordinaire de l'empereur Napoléon; il adhéra en avril 1814, à la déchéance de ce monarque, qui, à son retour de l'île d'Elbe, lui confia cependant la préfecture de la Meuse. Sous le règne de la branche aînée des Bourbons, il a été consul général à Riga et à Bucharest; il fut conservé à ce poste par le gouvernement de Louis-Philippe, et le 9 avril 1837, il passa au consulat général d'Alexandrie.

COLAUD DE LA SALCETTE (le baron Joseph-Claude-Louis), chevalier de la Légion-d'Honneur, né à Grenoble, le 29 décembre 1758, était, avant la révolution de 1789, conseiller au parlement du Dauphiné. Depuis cette époque, jusqu'après le 18 brumaire, il demeura sans fonction.

En avril 1802, il fit partie de la députation que la ville de Grenoble envoya au premier consul ; Napoléon le reconnut à cause de sa ressemblance frappante avec le général Lassalcette, son frère, et sans autres informations, dit la Biographie des Contemporains, il le nomma le 13 de ce même mois préfet de la Creuse. Il fut nommé en 1807, membre du corps législatif et remplacé dans sa préfecture le 6 mars, par M. le baron Maurice ; il a siégé au corps législatif jusqu'en 1814.

COLCHEN (le comte Victor de), commandeur de la Légion-d'Honneur, naquit à Metz, le 5 mai 1752 ; il occupa successivement l'emploi de premier secrétaire et celui de délégué de l'intendance de Pau et d'Auch, et fut ensuite chef de division au ministère des relations extérieures ; en 1794, il obtint le portefeuille de ce ministère, qu'il conserva pendant environ dix mois.

En 1795, il fut nommé membre de la commission qui se rendit à Lille, pour négocier la paix avec l'Angleterre. Après le 18 brumaire, les consuls le nommèrent secrétaire de légation à l'ambassade de Berlin ; mais il n'accepta point. Le 3 mars 1800, il obtint la préfecture de la Moselle, et devint successivement sénateur, comte de l'empire et commandant de la Légion-d'Honneur.

En 1810, il fut nommé président de la société des donataires du Monte Napoléone. Vers la fin de 1813, il fut envoyé en qualité de commissaire extraordinaire de l'empereur dans la 4ᵉ division militaire ; en 1814, il adhéra à la déchéance de Napoléon, et fut appelé par le roi à faire partie de la nouvelle chambre des pairs ; il siégea aussi à celle convoquée par l'empereur, en mai 1815. A la seconde rentrée du roi, M. Colchen, comme pair des cent jours, ne fut pas rétabli dans la pairie royale ; ce n'est qu'après quatre ans, sous le ministère Decazes, le 5 mars 1819, qu'il recouvra sa haute dignité. Il est mort à Paris, le 21 juillet 1830.

M. Colchen comptait au nombre des pairs constitutionnels ; il a porté dans toutes les fonctions qu'il a occupées une sagesse et une sagacité non contestées.

COLLET-DESCOTILS, ancien législateur, l'un des chimistes les plus distingués de France, fit, en qualité de savant, la campagne d'Egypte. Le 3 mars 1800, il fut nommé préfet du Calvados, et, le 19 fructidor an VIII (6 septembre 1800), il fut appelé au conseil des prises, dont il devint plus tard le procureur-général impérial, emploi qu'il a occupé jusqu'à la restauration.

COLLIN DE SUSSY (le comte Jean-Baptiste), grand-officier de la Légion-d'Honneur, naquit à Sainte-Menehould, le 1ᵉʳ janvier 1750 ; il était administrateur des douanes, sous le directoire. Le

3 mars 1800, il fut nommé préfet de la Drôme ; il apporta dans ces nouvelles fonctions, les leçons d'une longue expérience acquise dans l'administration.

Le 11 frimaire an IX (1er décembre 1800) , il passa à la préfecture de Seine-et-Marne , où il resta très-peu de temps ayant été appelé au conseil d'état ; il devint ensuite directeur-général des douanes.

Le 15 janvier 1812 , il obtint le portefeuille du ministère du commerce et de l'industrie ; ce poste convenait à son génie laborieux et philantropique ; il s'y fût illustré, si le temps qui, seul peut développer les germes féconds de cette branche si importante d'économie industrielle , lui eût permis de réaliser ses plans. Après les évènemens de 1814, qui renversèrent le trône impérial, ce ministère fut supprimé. Il reparut sur la scène politique pendant les cent jours, comme premier président de la cour des comptes, ministre d'état et pair de l'empire.

L'éclat des grandeurs ne l'avait point ébloui, il rentra sans se plaindre dans la retraite après le second retour des Bourbons. Le 5 mars 1819, il fut rétabli à la chambre des pairs , où il siégea parmi les défenseurs de nos libertés et de nos institutions. Il mourut à Paris le 7 juillet 1826 , à l'âge de 76 ans.

COMBES - SIEYES (Georges) , chevalier de la Légion-d'Honneur, auditeur au conseil d'état sous le gouvernement impérial ; sans emploi à la première restauration , préfet des Basses - Pyrénées pendant les cent jours et renvoyé à la vie civile après la seconde rentrée des Bourbons. Le 22 janvier 1831 , le gouvernement de Louis-Philippe l'appela à la préfecture du Tarn , et le 10 décembre 1832, il passa à la préfecture de l'Aube. Il a été admis à faire valoir ses droits à la retraite, le 23 juillet 1837, qui a été liquidée, en novembre même année, à 2,400 fr.

CONNINK-OUTERIVE (le baron), chevalier de la Légion-d'Honneur, issu d'une ancienne famille de Flandre, était conseiller de préfecture du département de l'Escaut lorsque Napoléon, alors premier consul, visita ces contrées. M. Connink lui fut présenté par M. Fayppoult, préfet de ce département, en le recommandant à sa haute bienveillance. Napoléon, qui avait une grande estime pour Fayppoult, par arrêté du 23 juillet 1802, nomma le conseiller de préfecture préfet de l'Ain. Quelque temps après M. Connink passa successivement aux préfectures de Jemmapes et des Bouches-de-l'Escaut, et en 1812, à celle des Bouches-de-l'Elbe, où il ne fit pas un long séjour.

Lors de l'insurrection de Hambourg, après la funeste campagne de Russie, il fut destitué pour avoir manqué de présence d'esprit et de fermeté. Il fut tellement affecté de cette disgrâce, qu'il tomba dans une espèce de marasme. Il rentra dans sa patrie en 1814, où il a été appelé à de hautes fonctions par le roi des Pays-Bas.

CONTADES (le comte de), chevalier de la Légion-d'Honneur, a été successivement, sous le gouvernement impérial, auditeur au conseil d'état, intendant de la Croatie et préfet du Puy-de-Dôme. Le 3 novembre 1814, le gouvernement du roi le déposséda de sa préfecture ; depuis cette époque, M. le comte n'a plus figuré comme fonctionnaire public.

CORBIGNY (le baron Louis-Antoine-Ange Chicolet de), chevalier de la Légion-d'Honneur, naquit le 6 avril 1771, à Rennes, d'une ancienne famille du Rouergue, qui s'était établie dans cette ville ; il se trouvait à Paris à l'époque la plus critique de notre première révolution, c'est-à-dire en 1793.

Reconnu par les gouvernans d'alors comme un jeune patriote qui n'était pas dépourvu de talens, M. Corbigny fut envoyé en mission dans son pays, avec des pouvoirs fort étendus ; il en profita pour rendre successivement à la liberté tous les détenus pour opinion politique, dont les prisons de Saint-Malo et de Dinan regorgeaient. Cet acte d'humanité attira sur son auteur la sévérité du pouvoir : il fut déclaré suspect, et, comme tel, mis en état d'arrestation ; mais les évènemens survenus dans la journée du 9 thermidor lui ouvrirent les portes de sa prison.

De retour dans la capitale, M. Corbigny fit partie de l'administration de l'instruction publique ; en 1796, il était en Italie, où il avait été envoyé par le gouvernement; le général en chef Bonaparte le chargea de retracer l'histoire des mémorables campagnes de l'armée d'Italie, des années 1795 et 1796. Cet ouvrage parut en 1806, sous le titre de Tableaux hisriques.

En 1799, il alla organiser le régime français dans les îles de Zante, de Corfou, etc. A la création des préfectures, il obtint celle de Loir-et-Cher, qu'il administra jusqu'à sa mort, arrivée le 29 avril 1811. Il fut vivement regretté.

COSTAZ (le baron Louis), membre de l'académie des sciences, conseiller d'état, officier de la

Légion-d'Honneur, est né à Belley, département de l'Ain, en 1767. Vers le commencement de la révolution, il fut employé dans les bureaux du ministère de l'intérieur ; il suivit comme savant, l'armée française en Egypte, où il fut rédacteur d'un journal et membre de la commission chargée de visiter tous les monumens de l'antiquité dans la Haute-Egypte.

Rentré en France, il professa les mathématiques dans une des écoles centrales de Paris ; le 28 prairial an IX (16 juin 1801, il entra au tribunat où il s'occupa beaucoup de finances et d'économie politique. Le 10 germinal an XII (31 mars 1804), il devint préfet de la Manche ; son administration y fut sage et éclairée : ce département lui doit sept routes royales ou départementales. Le 12 février 1810, il fut nommé intendant des bâtimens de la couronne. Le 3 avril 1813, il entra au conseil d'état et, six mois après, il obtint la direction-générale des ponts et chaussées, qu'il perdit par suite des évènemens de 1814. En mars 1815, M. de Costaz reprit ses fonctions de conseiller d'état et fut commissaire impérial extraordinaire dans les départemens du Nord et du Pas-de-Calais.

Les Bourbons rentrés en France, il fut mis de côté et, ce n'est qu'en 1820, qu'il obtint sa réintégration au conseil d'état où il siégea jusqu'à la formation du ministère Polignac. Il est aujourd'hui conseiller d'état en service extraordinaire. (*)

COSTER (Charles-Joseph), chevalier de la Lé-

(*) L'empereur a dit plusieurs fois de **M.** de Costaz, « que c'était un » homme dont il aimait le mieux la conversation, parce qu'elle était la » plus variée. » *(Mémoires d'une femme de qualité.)*

gion-d'Honneur, décoré de l'ordre de SainteAnne de Russie, est né à Nancy, le 24 avril 1781 ; il était fils du proviseur du Lycée de Lyon, sous le gouvernement impérial. Il débuta dans la carrière administrative, après la seconde chute de Napoléon, et fut successivement sous-préfet de Vouziers et maître des requêtes en service ordinaire. Le 2 juillet 1817, il devint préfet de la Mayenne ; le 1er septembre 1824, il passa à la préfecture de la Haute-Vienne, où il resta jusqu'à la révolution de 1830.

M. Coster a obtenu du gouvernement de Louis-Philippe une pension de retraite de 3,326 fr. dont il jouit paisiblement à Paris.

COTTON, chevalier de Saint-Louis, officier de marine sous Louis XVI et dans l'émigration, issu d'une ancienne famille lyonnaise ; il siégea à la chambre des députés de 1815 à 1816, parmi les royalistes quand même. Le 27 février 1817, il fut nommé préfet du Vaucluse ; et, le 2 janvier 1823, il passa à la préfecture de la Drôme, qu'il administra jusqu'au mois de novembre 1828, époque où il fut admis à faire valoir ses droits à la retraite, qu'il n'a point encore obtenue.

M. de Cotton, durant le cours de son administration, s'est montré entièrement dévoué à la branche aînée des Bourbons.

COUCY (de), obscur administrateur, dont nous ignorons les antécédens, débuta d'abord sous la restauration, par la sous-préfecture de Vitry, et le 10 juillet 1816, il fut nommé préfet du Jura. Depuis sa révocation arrivée le 19 juillet 1820, M. de Coucy est resté dans un profond oubli. Il a reçu de l'empereur de Russie la décoration de l'ordre de Sainte-Anne de 2ᵉ classe ; mais nous ne savons à quel titre.

COURBON DE SAINT-GENEST (Louis), chevalier de la Légion-d'Honneur, a été secrétaire d'ambassade à Saint-Pétersbourg de 1807 à 1811, et de 1812 à 1813 à La Haye. Le 14 juillet 1815, il obtint la préfecture de la Corse ; le 4 mars 1818, il fut appelé à celle de la Haute-Marne qu'il administra jusqu'à la chute de Charles X.

COURPON, officier de la Légion-d'Honneur, syndic des agens de change près la Bourse de Paris ; le 19 août 1815, il fut nommé sous-préfet de Gourdon (Lot) ; durant son séjour dans ce pays, il y était en possession de la considération et de l'estime générale ; il fut ensuite appelé à la sous-préfecture de Beziers. Devenu préfet de la Vendée, le 19 juillet 1820 ; son administration y fut courte : un député influent (*), contre lequel il avait obtenu un jugement pour diffamation et calomnie, rendu par le tribunal correctionnel de Paris, parvint par le crédit dont il jouissait auprès du ministère Villèle, à le faire destituer, le 26 juin 1822.

Après sa disgrâce, cet ex-fonctionnaire se retira à Paris, où il exerce depuis quelques années les fonctions d'agent de change près la Bourse.

CREUZÉ DE LESSERT (le baron Augustin), chevalier de la Légion-d'Honneur, homme de lettres,

____

(*) M. Sirieys de Mayrinhac.

auteur de plusieurs pièces de théâtre , plus connu par son opéra comique de M. Des Chalumeaux , que par ses travaux administratifs. Il siégea pendant quelques années au corps législatif, sous le gouvernement impérial. En 1814, il fut nommé sous-préfet d'Autun ; le 14 juillét 1815 , il devint préfel de la Charente ; le 6 août 1817, il fut appelé à la préfecture de l'Hérault.

On se rappelle encore à Montpellier l'anedocte suivante : M. Creuzé voulut dans le mois de février 1819, faire jouer sur le théâtre de cette ville , le Nouveau Seigneur du village , l'une de ses productions.

Les étudians en médecine qui, depuis long-temps, avaient à se plaindre de l'administration tracassière de ce fonctionnaire, charmés de trouver une occasion de se venger, se mirent à siffler cet opéra-comique en sa présence ; l'amour-propre de l'auteur fut griévement offensé et éveilla en lui la sévérité du magistrat. Il eut recours à la force armée pour faire cesser les siffleurs ; il ne se contenta pas de cette mesure tout-à-fait imprudente ; mais encore , il rendit le lendemain de cette scène un arrêté qui, par ses dispositions singulières , ne put trouver aucun approbateur, surtout celle qui privait les étudians de leur entrée au spectacle pendant un an ; ceux-ci prirent dès lors la résolution énergique d'abandonner spontanément le cours de la faculté. Ainsi , la ville de Montpellier se vit privée, pendant quelque temps , par la conduite inconsidérée de son préfet , des avantages rééls dont elle profitait de l'affluence nombreuse d'étudians qui fourmillait dans ses murs.

M. Creuzé s'est néanmoins maintenu à Montpellier jusqu'à la révolution de 1830 , grâce à l'appui des ministres dont il était l'âme damnée , et le fonctionnaire le plus dévoué.

Il est sans fonctions depuis la chute de Charles **X** , et s'occupe de littérature, en attendant mieux.

CREVECŒUR , inconnu jusqu'à la chute de Charles **X** , les habitans de l'arrondissement de Romorantin ont eu l'honneur de le posséder comme sous-préfet pendant quelques années. Le 12 juillet 1835 , il a été nommé préfet du Tarn , et destitué le 20 octobre 1838. Il a été vivement regretté à Albi.

CROMOT DE FOUGY , chevalier de la Légion-d'Honneur , maître des requêtes de l'hôtel , avant la révolution , émigra en 1791 et rentra en France sous le gouvernement consulaire. **M.** Cromot fit son apparition sur la scène politique en 1814 , comme maître des requêtes en service ordinaire; il devint , le 24 août 1815 , conseiller d'état ; c'est , en cette qualité , qu'en mai 1816 , il reçut la mission du roi d'aller à Marseille , pour assister à la remise de la duchesse de Berry.

Le 26 septembre de la même année , il fut nommé à la préfecture de Carcassonne (Aude) , et inscrit au tableau du conseil d'état , comme conseiller en service extraordinaire ; le gouvernement lui donna un successeur dans sa préfecture , le 24 février 1819 , mais il conserva son titre de conseiller d'état.

CRONEAU , chevalier de la Légion-d'Honneur , ancien secrétaire général de préfecture , avait été sous-préfet à Bordeaux, vers les premiers temps de la restauration, et nommé chevalier de la Légion-d'Honneur, le 19 mai 1825 ; il devint préfet de Lot-et-Garonne, le 23 août 1830 ; mais une ordonnance royale du 21 janvier 1833, le remplaça par M. Brun. Les motifs de cette disgrâce nous sont complétement ignorés.

CROZE (le baron Jules de), sous-préfet impérial à Brioude ; sous-préfet de la restauration à Corbeil, et préfet des Basses-Alpes, du 11 avril au 10 août 1830, époque à laquelle il donna sa démission. Il est rentré à Brioude son pays natal, où il compte au nombre des légitimistes les plus prononcés du pays.

M. de Croze, durant sa courte administration départementale a fait preuve de capacité.

CUREL, débuta dans la carrière administrative dans le mois d'août 1830, comme sous-préfet d'Arles, le 9 mars 1831, il passa à la sous-préfeture de Brest, et le 29 septembre 1833, il fut nommé préfet des Landes.

CURZAY (le vicomte Duval-Chassenon de), officier de la Légion-d'Honneur, né à Curzay (Vienne), le 5 mars 1780 ; il a été auditeur au conseil d'état et sous-préfet de Nantes sous le règne de Napoléon. En 1814, il fut nommé à la sous-préfecture de Ploermel, et resta sans emploi durant les cent jours. Le 12 juillet 1815, il obtint la préfecture des Deux-Sèvres, avec le titre de maître des requêtes en service extraordinaire. Le 4 juin 1817, il fut révoqué de ses fonctions administratives ; il resta dans la plus complète disgrâce jusqu'au 9 janvier 1822, époque où il fut appelé à la préfecture des Côtes-du-Nord. Le 26 juin de la même année, il devint préfet de la Vendée, et, le 18 juillet 1827, il passa à la préfecture d'Ille-et-Vilaine.

M. le baron d'Haussez, préfet de la Gironde, ayant été nommé ministre de la marine, M. de Curzay, qui était alors en grande faveur, fut appelé par ordonnance royale du 23 août 1829, à cette importante préfecture.

Là, son dévoûment à la cause de la légitimité mit ses jours dans le plus grand danger, le 30 juillet 1830; son autorité fut entièrement méconnue; l'hôtel de la préfecture fut envahi, les meubles mis en poussière, le préfet violemment arraché de son hôtel et traîné vers la rivière où on se disposait à le jetter, après avoir reçu deux coups de poignards, un dans l'épaule gauche et l'autre plus profond dans les reins et avoir été frappé à la tête de plusieurs coups de barre de fer ou de bois, lorsque survinrent quelques personnes influentes du parti libéral, qui le sauvèrent.

M. de Curzay quitta Bordeaux, après avoir toutefois remis les rênes de l'administration départementale à M. de Barennes, conseiller de préfecture, vers les premiers jours du mois d'août, et se retira à Poitiers; il donna sa démission de membre de la chambre des députés, où il siégeait depuis 1820; il écrivit à ce sujet, à M. le président de la chambre une lettre datée de cette dernière ville, le 14 août 1830, dont voici la teneur :

« Monsieur le président, j'apprends par les jour-
» naux qu'un nouveau serment est demandé aux

» députés de la chambre élective ; je me hâte de
» vous informer qu'après avoir , au prix de mon
» sang , et au péril de ma vie , gardé fidèlement le
» serment que j'avais juré à Charles X , il m'est im-
» possible d'en prêter un autre. » (*)

D

DALMAS (Joseph-Benoît), était avocat à Aubenas,
lieu de sa naissance arrivée en 1760, lorsqu'il fut élu
en 1791 , député à l'assemblée législative , où il se
distingua par ses principes monarchiques ; il fut le
défenseur des émigrés, et, à la séance du 10 août 1792 ,
il se prononça énergiquement contre la déchéance
du roi. Après la session législative , il se retira à
Rouen, où il publia un mémoire intitulé : Reflexions
sur le procès de Louis XVI. Poursuivi à raison de
cette publication, il fut arrêté et il aurait été infailliblement traduit au tribunal révolutionnaire sans les
évènemens de la journée du 9 thermidor. En 1796 ,
il accepta les fonctions de président du tribunal civil
du département de l'Ardeche ; mais, toujours dominé par son grand dévoûment à la cause royale, il
fit paraître en 1798 , une brochure tendant au rétablissement de la royauté en France. Sa destitution
suivit de près cette production , et un mandat d'arrêt
fut lancé contre lui.

Après le 18 brumaire , M. Dalmas s'attacha au
nouvel ordre des choses, et devint maire de sa ville
natale ; il fut ensuite élu membre du corps législatif, où il siégea pendant cinq ans. Lors de la réorga-

____

(*) *Moniteur*, année 1830.

nisation des tribunaux en 1811 , il obtint une place
de conseiller à la cour impériale de Nîmes ; le
13 juin 1814, il fut présenté au roi comme député
de la ville d'Aubenas. S. M. le reçut avec une bonté
toute particulière , et lui dit, à ce que rapportent
tous les biographes : « Que le courage qu'il avait
» montré pour la défense de Louis XVI, ne serait
» jamais oublié. » Le 13 novembre 1815 , il fut nommé
préfet de la Charente-Inférieure, et destitué le 24 février 1819 , sous le ministère Decazes ; mais une
ordonnance royale du 11 août 1823 , sous le ministère Villèle, l'appela à la préfecture du département
du Var , où il mourut, le 10 août 1824 , d'une attaque d'apoplexie.

DALPHONSE (le baron François-Jean-Baptiste),
commandeur de la Légion-d'Honneur, naquit à Bony-
sur-Loire (Loiret), en 1756; il a rempli , durant le
cours des premières années de la première révolution, plusieurs fonctions administratives; en 1795,
il fut élu député au conseil des Cinq-Cents ; il s'y
montra l'un des membres les plus distingués du
parti temporiseur , dont le principal foyer était au
conseil des Anciens et qui contribua si puissamment
à la chute du directoire. Le 11 ventôse an VIII
(3 mars 1800), il fut nommé préfet de l'Indre , et ,
le 23 germinal an XII (13 avril 1804), il fut appelé
à la préfecture du Gard. En 1805, l'empereur voulant récompenser les honorables services de ce digne
fonctionnaire , lui envoya le brevet et la décoration
de commandant de la Légion-d'Honneur. En 1810,
M. Dalphonse devint intendant-général en Hollande,
avec le titre de maître des requêtes en service ex-

traordinaire. Les évènemens de 1814, privèrent
M. Dalphonse de tout emploi ; mais il reparut sur
la scène politique au retour de Napoléon, et fut successivement maître des requêtes, commissaire extraordinaire de l'empereur et préfet à Montpellier.
Il rentra de nouveau dans la vie privée après la seconde invasion. En 1819, il présida le collége électoral de l'Allier, et fut élu député ; dans la même
année, il obtint une pension de retraite et mourut
à Beaumont (Allier), le 24 septembre 1821.

DAUCHY (le comte Edouard), commandeur de
la Légion-d'Honneur, fils d'un maître des postes de
Saint-Just, près Beauvais (Oise), est né en 1756 ;
il fut élu député aux Etats-Généraux, par le baillage
de Clermont-Beauvoisy. Il prit une grande part dans
cette assemblée, devenue Constituante, à toutes les
discussions et résolutions financières, et devint ensuite successivement administrateur et président du
département de l'Oise.

En 1795, ses concitoyens lui donnèrent encore
une nouvelle marque de confiance, en le nommant
député au conseil des Cinq-Cents ; il s'attacha au
parti Clichien ; fut du nombre des fructodirisés ;
mais il parvint à obtenir sa radiation et rentra au
conseil. Le 3 mars 1800, les consuls lui confièrent
la préfecture de l'Aisne ; le 27 fructidor an X,
(14 septembre 1802), il fut nommé conseiller d'état
à vie et fut envoyé dans le Piémont, chargé d'une
mission importante. Le 14 floréal an XIII (4 mai 1805),
il devint préfet du département de Marengo ; le
17 mars 1806, il obtint la place d'administrateur-
général des finances à Venise.

En 1809, il fut chargé d'organiser la Toscane, qu'on venait de réunir à l'empire français ; il déploya dans ce travail la plus grande activité , et, dès que sa mission fut remplie, il fut nommé intendant du trésor public à Alexandrie , où il resta jusqu'aux évènemens qui , en 1814, renversèrent le gouvernement impérial.

Les habitans de cette cité conservent encore le souvenir de la conduite de M. Dauchy, dans les momens difficiles d'une guerre qui menaçait ce pays , et dans ceux d'une disette générale , où sa prévoyante habileté fut si utile. Rentré en France, le gouvèrnement du roi n'employa point ce sage et excellent administrateur. Pendant les cent jours de 1815 , il siégea à la chambre des représentans , convoquée par Napoléon. Depuis la seconde restauration , M. Dauchy est sans emploi.

DEBRY (le baron Joseph-Antoine-Jean), commandeur de la Légion-d'Honneur, naquit à Vervins (Aisne) , le 25 novembre 1760 ; il fut nommé en 1790 , administrateur du département de la Marne ; en 1791, il fut élu député à l'assemblée législative , par le département de l'Aisne ; le 16 janvier 1792 , il provoqua le décret qui déclara Louis-Stanislas-Xavier, frère de Louis XVI , déchu de son droit à la couronne de France, et prit une part très-active dans la discussion du décret du 10 août suivant, qui prononça la déchéance du roi. Réélu en septembre 1792 , député à la Convention nationale , il vota la mort de Louis XVI, sans appel et sursis. Après le 9 thermidor , il fut nommé membre du Comité du salut public ; mais son collègue, le représentant

Fayau, étant monté à la tribune pour le dénoncer comme ayant signé une proclamation tendant à égarer l'opinion publique, M. Debry, pour toute réponse à cette dénonciation, donna sur le champ la démission de ses nouvelles fonctions. Il garda une parfaite neutralité lors des évènemens du 31 mai ; après la session conventionnelle, il entra au conseil des Cinq-Cents.

Le 21 juin 1797, il fut nommé ministre plénipotentiaire au congrès de Rastadt, avec Bonnier et Roberjot ; le 29 avril 1799, ces trois plénipotentiaires rentrant en France furent attaqués par des hussards du régiment autrichien de Szeckler. Bonnier et Roberjot furent impitoyablement massacrés. Jean Debry parvint, couvert de blessures, à se sauver, revint seul à Paris, et fit un rapport au conseil des Cinq-Cents de ce tragique évènement. (*)

Après la chute du directoire, il entra au tribunat, le 9 floréal an IX, il devint préfet du Doubs ; son administration sage et ferme, lui avait concilié l'estime et la considération de tous ses administrés. Plusieurs biographes assurent que ce préfet, ancien républicain, avait, en 1814, fait un don de douze cents francs, pour acheter des cocardes blanches pour les soldats en garnison à Besançon. Néanmoins, le 28 avril 1814, il fut remplacé dans sa préfecture par M. le comte Scey de Montbelliard. Durant les cent jours, il accepta la préfecture du Bas-Rhin ; forcé de s'expatrier, en vertu de la loi du 12 janvier 1816, il se retira à Neuss, chez une de ses filles.

Rentré en France depuis la révolution de 1830,

(*) Voir le *Moniteur*, an VII, (1799), numéros 228, 238 et 239.

M. Debry a obtenu de Louis-Philippe une pension de mille francs, en indemnité de la perte d'une dotation de quatre mille francs, que l'empereur Napoléon lui avait accordée en 1810, sur les biens situés dans la province du Hanôvre. Il est mort le 6 janvier 1834, à Paris.

DECAZES-DELISLE (le vicomte Joseph-Léonard), conseiller d'état en service extraordinaire, membre de la chambre des députés, officier de la Légion-d'Honneur, est né à Libourne, le 5 juin 1783; comme son frère, aujourd'hui duc Decazes, il sollicita de l'emploi sous le gouvernement impérial. Il entra au conseil d'état en qualité d'auditeur en 1810, et, vers la fin de la même année, il fut envoyé en mission dans la Hollande, d'où il fut rappelé en 1812. Il occupa ensuite les fonctions de sous-préfet de Lavaur et de Castres; la restauration le trouva à cette dernière sous-préfecture.

Comme son frère, en ce moment grand référendaire, il se jetta à corps perdu dans le parti de la restauration, et, le 12 juillet 1815, il obtint de ce gouvernement la préfecture du Tarn. Le 24 février 1819, sous le patronnage de son frère alors ministre, il devint préfet de la ~~Moselle~~; mais la santé de son épouse exigeant un climat plus méridional, il demanda avec instance de revenir à sa première préfecture; le gouvernement fit droit à sa réclamation le 19 juillet 1820.

M. Decazes a administré jusqu'à la révolution de 1830, le département du Tarn avec beaucoup de sagesse. Dans l'exercice de ses fonctions, il a déployé parfois la sévérité de l'homme du pouvoir;

mais on peut dire aussi que fort souvent il s'est montré le père de ses administrés. Il a obtenu, il y a déjà quelques années, une pension de retraite de 3,277 francs.

Nommé membre de la chambre des députés par le collége électoral de Villefranche (Aveyron), M. Decazes, qui devait son élection au parti légitimiste, dont il partage les opinions, fut néanmoins prendre place parmi les plus dévoués au système du juste-milieu. Cette conduite de la part de M. l'ex-préfet de Charles X parut étrange à ses commettans, qui aux élections générales de 1837, se refusèrent à l'admettre comme candidat. Rejetté par les électeurs de Villefranche, il fut accepté et nommé par ceux d'Albi.

M. Decazes, l'homme de tous les ministères passés, présens et futurs, a fait partie des 221, qui ont soutenu le ministère Molé. Il a été réélu aux élections générales du 3 mars 1839.

DECOURT (Jean-François), chevalier de la Légion-d'Honneur, né le 16 décembre 1795, à Falaise (Orne), où il exerçait la profession de médecin, lorsque sous le patronnage de M. Guizot, son beau-frère, alors ministre de l'intérieur, il s'élança vers la carrière administrative; il devint successivement en 1830 et 1831, secrétaire-général de la préfecture de la Moselle, et sous-préfet de Bethune. Le 24 janvier 1833, il fut appelé à remplacer M. le baron de Roujoux, préfet du Lot, destitué; et, le 2 juillet 1835, il passa à la préfecture des Hautes-Pyrénées. M. Decourt, d'une santé très-faible, ne pouvant convenablement supporter long-temps le

lourd fardeau d'une administration départementale ,
crut de son devoir de demander un successeur , et,
le 24 juillet 1837 , M. le comte de Ségur d'Aguessau ,
fut nommé à sa place. Il s'est retiré à Paris , avec le
titre de maître des requêtes en service extraordinaire.

DEFERMON (le baron Jean-François), chevalier
de la Légion-d'Honneur, frère du ministre d'état de
ce nom, sous le gouvernement impérial , fut nommé
le 6 floréal an VIII (26 avril 1800), secrétaire-général
de la préfecture de la Mayenne. Il entra en 1803 ,
au corps législatif ; en 1809 , il obtint, par le crédit
de son frère , la préfecture des Hautes - Alpes ; le
12 mars 1813 , il fut appelé à celle de l'Yonne, où il
fut remplacé le 10 juin 1814 , par M. Gamot.
Il reparut sur la scène politique, pendant les cent
jours, comme préfet du Var ; il déploya dans ce
pays une grande activité pour le départ des anciens
militaires rappelés à l'armée. M. Defermon est sans
fonctions depuis la seconde rentrée des Bourbons.

DEFEUGRAY , ancien conseiller de préfecture,
sous-préfet depuis 1820 , fut nommé préfet des Landes le 2 avril 1830. Il perdit sa préfecture à la chute
de Charles X.

DEJEAN (le vicomte Benjamin), chevalier de la
Légion-d'Honneur , fils du pair de France de ce
nom , officier-général d'artillerie , est né en 1805 ;
le gouvernement éclos de la révolution de Juillet,
le gratifia de la préfecture du département de l'Aude ,
sans doute pour le récompenser de quelques services
rendus à cette brillante et glorieuse époque. Le

27 juillet 1832 , il passa à titre d'avancement , à la préfecture du **Puy-de-Dôme.**

Arrivé à Clermont, et pendant tout le cours de son administration , ce jeune fonctionnaire se montra impérieux et parfois violent ; il poursuivit avec acharnement le Patriote du **Puy-de-Dôme**, journal de l'opposition , qui avait pour rédacteur en chef le docteur Trélat, écrivain distingué.

Ce journal , constamment en butte aux attaques et aux fréquentes poursuites du pouvoir dont il combattait les abus, cessa de paraître en 1835 ; et environ un an après, son persécuteur, M. Dejean , se démit de ses fonctions de préfet.

Il fut alors nommé conseiller d'état en service extraordinaire , et, aux élections générales de 1837 , le collége électoral de Castelnaudary , le nomma membre de la chambre des députés. A l'ouverture de la session de 1839, il fut du nombre des législateurs qui votèrent contre le système suivi par le ministère Molé.

La dissolution de la chambre élective ayant eu lieu immédiatement après la discussion de l'adresse , M. Dejean, député sortant de la coalition , s'est présenté de nouveau à ses commettans , et il a été réélu.

DELAITRE , commissaire central de la Seine-Inférieure , sous le directoire, est né à Dieppe ; le 3 mars 1800, il fut nommé préfet de la Charente ; en 1802, dans le mois de mars , il entra au tribunat. Le départ de ce magistrat du département de la Charente, fut signalé par l'expression énergique des regrets qu'il emporta.

En 1807 , il devint référendaire à la cour des

comptes ; il siégea à la chambre des représentans , convoquée par Napoléon , en mai 1815. Après la seconde rentrée du roi , il fut nommé conseiller de la même cour , où il continue de siéger.

DELAITRE (le baron Jean - François - Marie) , commandeur de la Légion - d'Honneur , naquit à Charonne , près Arpajon ; le 3 mars 1800 , il fut nommé préfet du département de l'Eure-et-Loir ; le 13 janvier 1814 , il fut appelé à la préfecture de Seine-et-Oise , où il fut remplacé le 17 mai 1815. M. Delaître , durant le cours de son administration à Chartres , fit élever dans cette ville un monument à la mémoire du général Marceau , mort à l'âge de 27 ans , au champ d'honneur, en 1796. Il n'a eu aucun emploi sous la restauration ; après la révolution de 1830 , il obtint la place d'administrateur provisoire des domaines et propriétés de l'ancienne dotation de la couronne.

Sa santé sensiblement altérée , le mit dans la nécessité de rentrer dans la retraite vers le commencement de mars 1832 ; il fut nommé à cette époque conseiller d'état en service extraordinaire. Il est décédé à Paris , le 13 avril 1835.

DELAITRE (le baron Raymond - Bernard-Etienne) , chevalier de la Légion-d'Honneur , apparut sur la scène politique en 1814 , comme membre du conseil-général de la Seine. Il siégea à la chambre des députés de 1815 à 1817 , où il vota ministériellement ; il fut ensuite nommé maître des requêtes en service ordinaire. Le 3 juillet 1820 , il devint préfet de l'Eure , et , le 27 novembre suivant , gentilhomme

honoraire de la chambre du roi. La révolution de
1830 , lui fit perdre sa préfecture ; nous ignorons s'il
a suivi Charles X , dans son exil.

DELAMALLE, chevalier de la Légion-d'Honneur,
fils aîné du célèbre avocat de ce nom, ancien conseiller
d'état , naquit à Paris en 1781. Il fut d'abord auditeur au conseil d'état , près le ministre de la justice
et la section de législation ; et ensuite nommé commissaire général de police à Livourne. Le 9 mai 1813 ,
il devint préfet des Pyrénées-Orientales ; et fut remplacé le 12 août suivant ; dans le mois de décembre ,
il accompagna le sénateur Monge à Liège , pour le
seconder dans ses opérations : au retour de cette
mission , il mourut d'une maladie de langueur, qui
l'affligeait depuis plusieurs années.

DELAMARRE (Édouard) , né en 1799 , chevalier
de la Légion-d'Honneur , débuta dans la carrière
administrative par la sous-préfecture de Clamecy
(Nièvre) , qui lui fut confiée par le gouvernement
de Louis-Philippe , sur la demande de M. le baron
Bignon, son oncle. Il publia , durant le cours de son
administration une statistique de cet arrondissement,
dans laquelle il donna l'idée de l'établissement d'une
caisse d'épargne au chef-lieu. Nous ignorons si ce
projet important a été réalisé ; mais il ne l'était pas
encore à la date du 24 janvier 1833 , époque où
M. Delamarre fut nommé préfet du Cantal.

A son arrivée à Aurillac , dont la population est
renommée par son patriotisme, cet administrateur
se laissa abuser ; il se mit en opposition ouverte
avec plusieurs citoyens recommandables de cette

ville ; il adopta et mit à exécution des mesures qui, au lieu de rallier les esprits, furent sur le point de produire les plus graves désordres.

Plus tard, M. le préfet, mieux avisé et d'ailleurs instruit par l'expérience, adopta une conduite administrative moins acerbe. Doué d'une prodigieuse activité, il s'occupa avec la plus grande sollicitude des intérêts matériels du département. Des caisses d'épargne organisées à Aurillac, Saint-Flour, Mauriac et Murat ; des comices agricoles établis dans chaque canton ; les travaux des routes départementales remis en pleine activité ; un établissement pour les aliénés, remarquable par sa belle position et sa distribution pour les malades des deux sexes et selon leur genre d'aliénation, sont dus à la prévoyante administration de **M. Delamarre**.

Il a aussi formé le projet utile et de la plus grande importance, pour le département du Cantal, d'un établissement thermal à Chaudesaigues ; et de plus, un autre projet non moins important : celui de la percée souterraine du Lioran.

Néanmoins, ce magistrat n'a pas le bonheur de jouir de l'affection générale des habitans du Cantal et surtout du chef-lieu.

Au moment de mettre sous presse, nous apprenons que la percée souterraine du Lioran vient d'être définitivement arrêtée et approuvée. On ne peut douter un instant que cette approbation ne soit le résultat des pressantes démarches du magistrat, qui a le premier conçu ce projet si profitable au Cantal et principalement aux villes d'Aurillac et Murat.

DELATTRE (François-Pascal), commandeur de

la Légion-d'Honneur, naquit à Abbeville en 1749;
il était négociant dans cette ville avant la première
révolution; il siégea à l'assemblée Constituante, où
il se fit peu remarquer; en 1796, il fut élu membre
du conseil des Cinq-Cents. Après le 18 brumaire,
il entra au corps législatif, et dans la session de
1803, il en fut élu président. Le 13 messidor an XIII
(1er août 1805), il obtint la préfecture de Vaucluse,
qu'il administra jusqu'au mois de décembre 1810,
époque où il rentra au corps législatif; il adhéra à la
déchéance de l'empereur Napoléon et, cependant il
accepta de ses commettans, le mandat pour les re-
présenter à la chambre convoquée par ce monarque,
pendant les cent jours.

Il est décédé à Abbeville dans le mois d'août 1834,
âgé de 85 ans.

DELESSERT (Gabriel), conseiller d'état, préfet
de police, officier de la Légion-d'Honneur, appartient à la même famille du fameux banquier de ce
nom dont il est le frère puîné. Il fut pendant quelques années, sous le gouvernement impérial, attaché à l'état-major de la garde nationale parisienne
comme adjudant-commandant. Le 19 septembre 1814,
M. Delessert reçut du pouvoir royal la décoration
de la Légion-d'Honneur; mais on ignore à quel titre.
Durant les cent jours, il se montra ouvertement
pour la cause impériale, et traversa toute la restauration dans la plus paisible retraite. Après la révolution de 1830, au succès de laquelle cependant il
n'avait pas contribué, le général Lafayette, commandant en chef de la garde nationale, se l'adjoignit
avec le grade de maréchal de camp.

Le 12 février 1834, il fut nommé préfet de l'Aude ; mais ce département n'eut pas l'avantage de le posséder long-temps , car le 21 septembre suivant, il fut appelé à la préfecture d'Eure-et-Loir. Le 10 septembre 1836, il devint le successeur de M. Gisquet, préfet de police. M. Delessert occupe encore ce poste important et l'on peut dire , avec juste raison, que son administration est plus tolérable sous tous les rapports , que celle de son prédécesseur.

DELMAS (Justin), avocat, chevalier de la Légion-d'Honneur , est né à Montsalvy , département du Cantal , le 22 juillet 1796.

Après avoir terminé ses études au collége royal de Rodez , avec une certaine distinction , il se rendit à Paris pour y suivre les cours de la faculté de droit ; lorsqu'il eut obtenu sa licence , il revint dans ses foyers ; il se fit inscrire au tableau des avocats du barreau d'Aurillac. Il y débuta avec succès.

Comme la plupart de ses confrères , ce jeune avocat appartenait, par ses opinions politiques , au parti libéral le plus avancé ; aussi , à l'époque de la révolution de 1830 , il déploya le plus vif enthousiasme.

Un pareil dévoûment ne pouvait convenablement rester sans récompense : le 16 août 1830 , il fut nommé sous-préfet de Saint-Flour.

Dès-lors , M. Delmas , devenu l'homme du gouvernement, devint aussi plus circonspect ; son libéralisme s'affaiblit au fur et à mesure que l'action gouvernementale s'écartait des principes de notre glorieuse révolution , si bien qu'en très-peu de temps , il se trouva classé parmi les fidèles du juste-milieu.

Le 2 octobre 1835, il passa, à titre d'avancement, à la sous-préfecture de Mamers, où il donna au gouvernement des nouvelles preuves de fidélité et de talens administratifs remarquables.

Le 20 octobre 1838, il a été appelé à la préfecture de Saône-et-Loire, qu'il occupe en ce moment.

Notre impartialité nous fait un devoir de relever ici une imputation faite à ce fonctionnaire, celle d'avoir laissé à son départ du désordre dans les bureaux de la sous-préfecture de Saint-Flour.

D'après les renseignemens que nous avons recueillis, nous pouvons affirmer que M. Delmas est bien loin de mériter ce reproche, avec d'autant plus de raison, que l'on donne à ce fonctionnaire un grand esprit d'ordre et d'aptitude administrative.

DELON, chevalier de la Légion-d'Honneur, fonctionnaire de 1830, débuta par la sous-préfecture de l'Argentière, et plus tard il passa à celle de Saint-Étienne, d'où il est sorti pour aller occuper la préfecture de la Lozère, à laquelle il a été appelé le 20 octobre 1838.

DERVILLE-MALECHARD, fut nommé en 1808, chargé d'affaires près la république du Valais, à Sion ; en 1811, il devint préfet du Simplon. Le 12 mars 1813, il fut appelé à la préfecture de la Sarthe, qu'il perdit après la chute du gouvernement impérial, en juin 1814 ; il administra pendant les cent jours, la préfecture du Doubs.

Après la révolution de 1830, il obtint la préfecture de Vaucluse, d'où il revint à son ancienne préfecture à Besançon, le 21 novembre 1831 ; il passa ensuite à celle du département de l'Orne, le 14 juillet 1833, et fut nommé officier de l'ordre royal de Légion-d'Honneur un mois après. En 1836, le 21 octobre, il a été remplacé et admis à faire valoir ses droits à la retraite.

DESCHAMP (Guillaume-Auguste), chevalier de la Légion-d'Honneur, est né à Lucenay-les-Aix, département de la Nièvre, en 1777 ; il a été pendant plusieurs années, sous la restauration, employé dans les administrations publiques, et notamment comme secrétaire général de préfecture.

Le 5 août 1830, par ordonnance de Louis-Philippe, lieutenant-général du royaume, M. Deschamp, fut nommé préfet de la Creuse.

Il se distinguait dans ce département par une administration douce, paternelle, et par un respect consciencieux de tous les droits depuis plus de huit ans, lorsque le *Moniteur* du 21 octobre 1838, lui annonça, dans sa partie officielle, sa révocation.

Nous pouvons assurer que cette mesure ministérielle a excité de vifs mécontentemens dans ce département et que le magistrat qui en a été la victime, y est généralement regretté.

D'après quelques renseignemens qui nous ont été fournis, il paraîtrait que M. Emile de Girardin, ancien député de Bourganeuf, ne serait pas étranger à cette destitution.

DESCORCHES (le marquis Marie-Louis-Henri), chevalier de la Légion-d'Honneur, ancien diplomate, naquit en Normandie, le 17 septembre 1749 ; il fut

nommé le 4 décembre 1800, préfet de la Drôme,
et administra ce département jusqu'après les évènemens du 20 mars 1815. A cette époque, ce magistrat adressa à ses administrés une proclamation
furibonde sur le débarquement de Napoléon, et,
quelques jours après, il protesta, par une autre
proclamation de son grand dévoûment à ce monarque.

Cette variation dans ses principes politiques peut,
sans contredit, lui donner une place parmi nos
girouettes modernes, si déjà il ne s'y trouve classé;
aussi, ni l'empereur, ni le roi, n'eurent aucune
confiance en lui : il fut entièrement oublié. Il est
mort le 2 septembre 1830.

DESGOUTHES, natif de Genève, naturalisé
français, fut pendant quelques années, envoyé extraordinaire de la république de Genève, près la
république française ; à la création des préfectures,
il obtint celle des Vosges.

Le 21 ventôse an X (12 mars 1802), il fut nommé
commissaire des relations commerciales à Gottem-
bourg (Suède); le 6 avril 1815, il fut appelé aux
fonctions de préfet à Valence (Drôme), et destitué par le gouvernement du roi, le 14 juillet
suivant.

DESMOUSSEAUX (le baron Antoine-François-
Hérard-Marie-Catherine), commandeur de la Légion - d'Honneur, était avocat avant la première
révolution ; en 1789, il fut nommé membre de la
municipalité de Paris, et devint, en 1792, procureur - général - syndic de la Commune. Durant le
règne de la terreur, il se tint éloigné des affaires

publiques ; mais après la chute de Robespierre ,
il accepta les fonctions de commissaire du pouvoir
exécutif près le bureau central de Paris.

En décembre 1799 , il entra au tribunat ; le
11 ventôse an VIII (3 mars 1800), il obtint la préfecture du département de l'Ourthe ; le 4 avril 1806 ,
il passa à la préfecture de la Haute-Garonne ; il s'y
distingua par une administration sage et éclairée ;
mais aussi il y montra un esprit un peu trop méticu-
leux et tatillonneur. Le 25 mars 1813 , il fut appelé
des bords de la Garonne sur les rives de l'Escaut et
de la Lys (Gand) ; mais les évènemens de 1814, le
forcèrent de quitter cette préfecture , et il ne fut
pas employé par le gouvernement du roi.

Il siégea à la chambre des représentans convoquée
en mai 1815 ; il y vota pour Napoléon II. Sa carrière
politique s'est terminée à la dissolution de cette
assemblée.

DEMOUSSEAUX DE GIVRÉ , était sous-préfet à
Dreux, lorsqu'il a été gratifié par le ministère Molé ,
de la préfecture de l'Aisne , le 20 octobre 1838. Les
habitans de Dreux voudront sans doute bien nous
apprendre quels sont les actes de son administration
qui ont motivé son avancement ; et , ce pour la plus
grande gloire de leur ancien sous-préfet. Quant à
nous , nous avons une grande présomption de croire
qu'il ne doit sa nomination qu'à quelque lien de pa-
renté qui l'unit à l'un des conseillers de la couronne.

DESPORTES (le baron Nicolas-Félix) , chevalier de la Légion-d'Honneur; Louis XVI le nomma
son ministre plénipotentiaire près le duc de Deux-

Ponts, d'où il fut rappelé en décembre 1792, par la Convention nationale, sur la proposition du représentant du peuple Carra. Rentré à Paris, le parti montagnard l'accusa de royalisme ; il fut arrêté, mis en prison et resta détenu jusqu'après la journée du 9 thermidor.

Vers la fin de 1794, il fut nommé ministre plénipotentiaire de la république française à Genève : il fit beaucoup de bien dans ce pays et contribua puissamment à la réunion de la Suisse à la France.

Revenu à Paris, le directoire méconnaissant les services de ce diplomate distingué, se montra ingrat à son égard ; il fut laissé dans l'oubli.

Après le 18 brumaire, M. Desportes reparut de nouveau sur la scène politique : il devint successivement ministre plénipotentiaire à Cassel et secrétaire-général du ministère de l'intérieur. Le 20 messidor an X (9 juillet 1802), il obtint la préfecture du Haut-Rhin ; ce département doit à son administration plusieurs établissemens utiles ; il fut destitué le 12 mars 1813. On assure que cette disgrâce, qui porta l'affliction générale dans ce pays, fut motivée sur ce que ce magistrat était en relation avec le général Moreau. M. Desportes se rendit dans le sein de sa famille à Paris, où il ne tarda pas à être nommé adjudant-commandant de la garde nationale.

Il siégea à la chambre des représentans ; il s'y prononça énergiquement contre la dynastie des Bourbons, en votant pour l'exclusion perpétuelle de cette famille.

Compris dans l'ordonnance royale du 24 juillet 1815, il fut contraint d'aller chercher un asile à l'étranger, et se retira en Autriche. Il rentra en

France en 1819, et n'a pas été employé depuis cette époque.

Depuis la révolution de 1830, il a obtenu une pension de retraite de 2,993 francs. M. Félix Desportes a dû à ses relations avec la famille Bonaparte un mandat de comparution au palais du Luxembourg, qui lui a été notifié le 23 juin 1838, relativement à l'affaire du lieutenant Laity.

DESSOLLE (Jean-Gabriel), officier de la Légion-d'Honneur), cousin-germain du lieutenant-général de ce nom, ministre des affaires étrangères, sous le règne de Louis XVIII, de 1818 à 1819. Il est né à Toulouse, le 17 novembre 1777 ; il fut élève de l'école polytechnique et en sortit officier d'artillerie ; il a été pendant quelque temps employé en cette qualité „à l'armée commandée par le général Moreau. Ayant eu à se plaindre d'un passe-droit, il donna sa démission, se retira à Toulouse, où il devint en 1803, conseiller de préfecture ; il fut nommé en 1811, inspecteur de l'académie universitaire de cette ville.

Le 7 novembre 1814, M. Dessolle obtint la préfecture de l'Indre, où il fut remplacé par M. le baron de Mallarmé, le 6 avril 1815, et celui-ci fut aussi remplacé par son prédécesseur, le 12 juillet suivant. Le 26 février 1817, M. le préfet de Châteauroux passa à la préfecture des Basses–Pyrénées, où il serait encore si la branche aînée des Bourbons, à laquelle il était entièrement dévoué, avait su garder le pouvoir.

M. Dessolle a obtenu, depuis la révolution de 1830, une pension de retraite dont il jouit à Toulouse avec le titre de maître des requêtes.

DESTOUCHES (le baron Alexandre - Étienne-Guillaume), commandeur de la Légion-d'Honneur, parent de l'illustre et infortuné prince de la Moscowa, naquit à Paris, en 1773 ; il obtint, sous le consulat, un emploi dans les bureaux de la direction générale de la caisse d'amortissement, et ensuite la sous-préfecture de La Rochelle. Le 8 mars 1809, il devint préfet du Jura ; ce département conserve encore le souvenir de son administration par le bien qu'il y a fait.

Le 12 mars 1813 , il fut appelé à la préfecture de la Haute-Garonne ; en 1814 , ce magistrat seconda de tous ses efforts les mesures prises par le maréchal duc de Dalmatie , pour la défense de Toulouse. Lorsque l'armée française eut évacuée cette ville , M. Destouches ne voulant pas administrer au milieu et sous l'influence des bayonnettes étrangères , se retira sur un point de sa préfecture , non encore occupé par l'ennemi, et ne revint à Toulouse qu'après l'issue des évènemens qui ramenèrent en France la famille des Bourbons. Le 13 octobre 1814 , le gouvernement du roi le fit passer à la préfecture d'Indre-et-Loire. L'empereur ayant ressaisi le pouvoir en mars 1815, M. Destouches fut remplacé par M. le comte de Miramon ; il se retira à Paris et demeura sans fonctions durant les cent jours ; immédiatement après la rentrée du roi, le 12 juillet 1815 , il fut réintégré.

Le 15 février 1816, il devint préfet de Seine et-Oise, où il se distinguait par une administration sage et éclairée, lorsque, en 1826 , il fut atteint d'une maladie chronique qui le contraignit de demander un congé. Arrivé à son châtau de Bretel , dans le département de la Sarthe , sa maladie fit de rapides progrès , et il succomba le 8 juin, même année. Les Bourbons perdirent dans la personne de ce préfet (qui était aussi maître des requêtes en service extraordinaire et gentilhomme honoraire de la chambre du roi) , un serviteur fidèle et dévoué. (*)

DIDELOT (le baron), commandeur de la Légion-d'Honneur, grand'croix de l'ordre de Danebroc du Danemarck , est né à Paris en 1760 ; il fut le premier préfet du Finistère en 1800.

Un évènement arrivé à Quimper dans le courant de la même année ! (l'assassinat de l'évêque Andrein), mit ce magistrat dans l'obligation de déployer une sévérité rigoureuse contre les auteurs de ce meurtre ; il les poursuivit si vigoureusement que , plusieurs d'entr'eux se suicidèrent. Le 3 pluviôse an **IX** (22 janvier 1801), il fut appelé à la préfecture de l'Allier; le 11 brumaire an **X** (2 novembre 1801), il fut remplacé par M. Bureaux de Puzi , et appelé à des fonctions diplomatiques. En 1804 , il fut nommé ministre plénipotentiaire du gouvernement français près l'électeur de Wurtemberg, à Stutgard ; il reçut à cette époque la décoration de commandant de la Légion-d'Honneur.

M. Didelot, au mépris du droit des gens , fut fait prisonnier en octobre 1805, par un corps autrichien , qui traversait la Franconie après la prise d'Ulm ; conduit devant l'archi-duc Ferdinand , ce prince lui témoigna les regrets qu'il éprouvait de cet acte arbi-

(*) Le rétablissement du mausolée qui avait été élevé à la mémoire du chancelier de l'Hôpital, dans la commune de Champ-Motteux , en 1573 , est dû à la sollicitude de M. Destouches.   *(Communiqué.)*

traire , et le fit mettre immédiatement en liberté.
En 1807 , il devint ambassadeur de l'empire français,
près la cour du Danemarck et, en 1811 , il reçut le
titre de chambellan de l'empereur Naprléon. Le
12 mars 1813, il devint préfet du Cher; il fut maintenu dans cette préfecture par le gouvernement du
roi ; mais M. Didelot ayant accepté l'administration
du département de la Dordogne pendant les cent
jours, il encourut à la seconde restauration, la disgrâce
du pouvoir royal. Il resta sans fonctions jusqu'à l'a-
vènement de M. Decazes au timon de l'état; ce ministre le fit rentrer en faveur, et, le 24 février 1819,
il obtint la préfecture de l'Aude, qu'il administra
jusqu'au 19 juillet 1820 , époque à laquelle il fut
appelé à celle de la Charente. M. Didelot , qui se
trouvait parfaitement bien à Carcassonne, où il avait
habitué ses administrés à ses airs de grandeur, qu'il
avait puisés dans les antichambres du palais impérial
des Tuileries, ne voulut pas faire connaissance avec
les Angoumois, qui cependant passent pour avoir
l'humeur assez traitable ; dès lors il envoya au gouvernement sa démission.

Nous ignorons ce qu'il a fait depuis cette époque
et qu'elle est sa position politique actuelle ; s'il est
employé, la nouvelle officielle de sa nomination n'est
pas parvenue à notre connaissance.

DIDIER (Louis-Paul-Antoine-Juvenal), officier
de la Légion-d'Honneur , ancien conseiller d'état ,
fils de l'infortuné Didier, de Grenoble, mort victime
de la réaction de 1816; il fut avant la déchéance de
Napoléon, en 1814, auditeur au conseil d'état et
sous-préfet à Grenoble. Il a administré , comme

préfet, le département des Basses-Alpes pendant les cent jours. Il n'a occupé aucun emploi durant le règne de Louis XVIII et de Charles X.

Depuis la révolution de 1830, M. Didier a été successivement préfet de la Somme, secrétaire général du ministère de l'intérieur, directeur du personnel des établissemens d'utilité publique, de bienfaisance et des haras au ministère des travaux publics, et conseiller d'état en service ordinaire. Il est mort à Paris, le 23 mars 1837.

Nous pouvons dire, sans crainte d'être démenti, que M. Didier a dignement rempli son devoir dans toutes les places qu'il a occupées ; que, non seulement il y a apporté tout le zèle dont il était capable, mais encore toute la probité d'un homme de bien.

DIEUDONNÉ (Christophe), naquit à **Saint-Dié** (Vosges), en 1757, était homme de loi au commencement de la révolution ; il en adopta les principes avec modération. En 1790, il fut nommé membre du directoire du département des Vosges ; en 1791, il fit partie de l'assemblée nationale, où l'avait appelé à siéger le vœu de ses concitoyens ; après la session, il fut nommé chef de la première division du ministère de l'intérieur. En 1798, il fut élu député au conseil des Anciens.

Sous le consulat, il reprit sa place au ministère de l'intérieur, et peu de temps après il entra au tribunat. Le 3 pluviôse an IX (22 janvier 1801), le premier consul le nomma préfet du Nord, où il développa de grandes connaissances administratives ; il y déploya un grand zèle dans l'exercice de ses fonctions, tant dans les intérêts du gouvernement, dont il était

le fonctionnaire , que dans ceux de ses administrés
dont il fut le protecteur.

Il mourut à Lille, en fonction, le 3 ventôse an XIII
(22 février 1805), vivement regretté, non seulement
par les habitans du département du Nord, mais encore par tous ceux qui avaient eu des relations avec
lui.

M. Dieudonné a publié une statistique de ce département , qui est un modèle d'ordre , de méthode
et d'exactitude.

DOAZAN, entra en 1807, au conseil d'état, en
qualité d'auditeur en service ordinaire ; ensuite il
devint successivement inspecteur général des vivres
et préfet de Rhin-et-Moselle. Il administra le département du Jura pendant les cent jours.

DUBOIS (Jean-Baptiste), naquit le 22 mai 1752,
à Faucigny, département de la Côte-d'Or ; il fit de
très-bonnes études qu'il termina à Paris , où il se fit
recevoir docteur en droit. Le roi de Pologne l'appela dans sa capitale (Varsovie) , pour y professer le
droit public , dans l'école royale des Cadets ; il devint conseiller intime de ce monarque, qui le comblait
de bonté ; mais il fut forcé par l'état de sa santé, que
la rigueur du climat avait considérablement altérée,
de rentrer en France.

De retour à Paris , M. Dubois fut chargé de l'éducation du jeune Rosambo , petit-fils du célèbre jurisconsulte Malesherbes. Après avoir traversé les
orages de la révolution, continuellement en butte
aux persécutions des anarchistes, il devint, sous le
directoire, chef de la 4ᵉ division au ministère de

l'intérieur ; le 3 mars 1800 , les consuls le nommèrent préfet du Gard.

Ses commis ayant abusé de sa confiance dans des
affaires de conscription , ce fonctionnaire victime de
sa bonne foi , fut remplacé par M. Dalphonse ,
le 12 germinal an XII (13 avril 1804), après quatre ans
d'une sage et paternelle administration. Cependant
le premier consul , persuadé que cet administrateur
était plus à plaindre qu'à blâmer , voulut le dédom-
mager de sa disgrâce , et le nomma directeur des
droits-réunis à Moulins, où il mourut en 1808, par
suite du profond chagrin que lui avait causé sa destitution de préfet.

DUBOIS (le comte Louis-Nicolas-Pierre-Joseph),
commandeur de la Légion-d'Honneur, est né à Paris,
en 1758 ; procureur au Châtelet de Paris , avant la
révolution , il fut ensuite, sous le directoire, membre
du conseil des Cinq-Cents , et commissaire de la
trésorerie nationale. En 1799, il fut nommé conseiller
d'état ; le cinquième jour complémentaire an VIII
(22 septembre 1800) , préfet de la Gironde ; le
3 germinal an XI (24 mars 1803) , préfet de police
à Paris ; il montra un grand zèle dans ces nouvelles
fonctions. Il parvint , par des mesures promptes et
sévères , à faire jouir la capitale , durant le cours de
son administration, de la tranquillité publique et du
respect que l'on doit aux personnes et aux propriétés ;
dans diverses circonstances , il donna de fortes preuves de son grand dévoûment au chef de l'état.

Cependant , malgré son activité infatigable et ses
hautes capacités administratives, il fut destitué par
décret impérial du 15 octobre 1810. M. Dubois

rentra au conseil d'état, il signa la déchéance de
Napoléon en 1814, et depuis cette époque il a figuré
sur le tableau du conseil d'état, comme conseiller
honoraire. Il siégea à la chambre des représentans
en 1815.

DUBOUCHAGE (le comte Joseph), officier de
la Légion-d'Honneur, chevalier de Saint-Louis et
de Saint-Jean de Jérusalem, frère aîné de l'ancien ministre de la marine sous Louis XVI, et sous
Louis XVIII, naquit dans le Dauphiné, en 1748; il
était officier du génie à l'aurore de la révolution ; à
cette époque, il donna sa démission et se retira dans
ses foyers. L'ordre de la noblesse du Dauphiné, le
nomma son procureur-général-syndic aux états de la
province. Il s'y fit remarquer par la justesse de ses
idées, la vérité et la sagesse de ses principes.
Après les évènemens du 18 brumaire, il accepta
les fonctions de conseiller de préfecture à Grenoble,
et le 21 ventôse an XI (12 mars 1803), celles de
préfet des Alpes-Maritimes ; lorsque ce fonctionnaire quitta ce département par suite de l'invasion
étrangère, en 1814, les habitans de ce pays lui dé-
cernèrent une médaille d'or, pour lui témoigner leur
vive reconnaissance de son excellente administration.
Le 14 juillet 1815, il fut appelé à la préfecture de la
Drôme, où il a laissé aussi d'honorables souvenirs
Depuis le 2 janvier 1823, M. Dubouchage était
conseiller d'état honoraire ; il est mort dans les premiers jours du mois de mai 1829.

DUCHATEL (Napoléon), fils du pair de France
de ce nom, ancien directeur-général de l'enregis-

trement et des domaines, était officier d'état-major et membre de la chambre des députés lorsque, par le crédit de son frère, ancien ministre des finances, il fut nommé préfet des Basses-Pyrénées, le 23 juillet 1837.

DUGIED, a commencé sa carrière administrative sous le gouvernement royal ; en 1814, il fut d'abord nommé secrétaire général de la préfecture du Bas-Rhin ; le 2 août 1815, il devint sous-préfet de Joigny. Le 22 juillet 1818, il fut appelé à la préfecture des Basses-Alpes ; mais il fut destitué le 3 avril 1819. Le 6 avril 1830, il fut nommé préfet du Haut-Rhin ; il passa à la préfecture de Tarn-et-Garonne, le 22 janvier 1831. Il est sans emploi depuis le 30 mars, même année, époque à laquelle il donna démission.

DUGUA (Charles-François-Joseph), naquit à Valenciennes, en 1744. Il était fort jeune lorsqu'il perdit son père, major de la citadelle de Valenciennes. Cependant son éducation ne fut pas négligée ; il fit de bonnes études. Né avec un caractère vif et bouillant, il ne balança point sur l'état qu'il devait embrasser ; il entra au service militaire, et obtint, en peu de temps, une compagnie.

Dominé par l'ambition, il conçut l'espoir d'un avancement rapide ; mais trompé dans ses espérances, il donna sa démission. Au commencement de la révolution, il demanda à être employé ; on lui donna une lieutenance de gendarmerie à Toulouse, où il s'était fixé depuis quelque temps ; il partit ensuite, en qualité de colonel de cette arme, pour l'armée des Pyrénées-Orientales, et ne tarda pas à être promu au grade de général de brigade. En 1793, il se trouva au siége de Toulon, s'y distingua avec une rare intrépidité, et fut nommé général de division ; il donna ensuite des nouvelles preuves de bravoure et de mérite dans la Vendée, en Italie, en Egypte, et principalement à la bataille des Pyramides, où il commandait la division du général Kléber, qui avait été blessé.

De retour en France, il fut mis à la retraite, et, le 19 fructidor an VIII (6 septembre 1800), il devint préfet du Calvados ; mais un an après, ayant demandé à faire partie de l'expédition de Saint-Domingue, il fut remplacé dans sa préfecture, et nommé chef d'état-major de cette armée.

Il est mort des suites de deux blessures reçues au champ d'honneur, le 16 octobre 1802.

DUHAMEL (le comte Louis-Joseph), officier de la Légion-d'Honneur, chevalier de Saint-Jean de Jérusalem, filleul de Louis XVIII, est né à Bordeaux, en 1771, d'une famille noble. Il fut emprisonné en 1793, redevenu libre après la mort de Robespierre, il se retira à la campagne. Lorsque Napoléon eut été proclamé empereur, et qu'il s'occupa à organiser une cour, M. Duhamel chercha tous les moyens possibles pour fixer un instant l'attention du souverain ; il se montra enthousiaste exclusif et ne cessait d'être en admiration perpétuelle. Enfin, en 1809, l'empereur lui confia les fonctions d'introducteur des des ambassadeurs et maître des cérémonies de sa maison. En 1812, il fut nommé sous-préfet de Toulon, et, le 12 août 1813, il obtint la préfecture des Pyrénées-Orientales. Lors des évènemens de 1814, qui firent remonter sur le trône la dynastie des Bourbons , M. le comte , très-fécond en dévoûment , fit éclater la plus grande allégresse ; il parvint , à force de démonstrations à convaincre le gouvernement royal de son inaltérable fidélité , et de cette manière il fut conservé dans sa préfecture , où le trouvèrent les évènemens de mars 1815 ; mais au moment où il était sur le point de faire parvenir au pied du trône impérial les mêmes hommages qu'il avait prodigués à la famille déchue , il reçut un successeur.

Après les cent jours, le 14 juillet , le roi le nomma préfet de la Dordogne : le 8 décembre suivant, il fut transféré à la préfecture de la Vienne , et fut admis à faire valoir ses droits à la retraite en 1819.

Membre de la chambre des députés , il siégea pendant quelques années à l'extrême droite.

DULAC (le comte), sous-préfet de Villefranche (Aveyron), devint préfet de la Nièvre, le 13 août 1830 ; il passa à la préfecture des Basses-Alpes le 22 janvier 1831, où il reçut un successeur le 14 février 1832. Il avait été nommé chevalier de la Légion-d'Honneur en 1825 ; il était alors sous-préfet depuis quelques années.

DUMESNIL (le baron Eugène Jobard-) , sous-préfet d'Autun, sous le règne de l'empereur Napoléon, et ensuite de Neuchâtel ; le 17 juillet 1815, il fut nommé préfet du Jura et fut destitué par ordonnance royale du 10 juillet 1816.

DUMONT (André) , naquit dans les environs d'Abbeville , vers 1758 ; député de la Somme , à la

Convention nationale où il y fut un des plus intrépides Montagnards, il vota la mort de Louis XVI, sans appel et sans sursis; il se montra enfin l'ennemi le plus acharné des Girondins, qui succombèrent par suite de la journée du 31 mai 1794. Envoyé en mission dans le département de la Somme, du Pas-de-Calais et de l'Oise, il s'y signala par des mesures violentes; dans ses rapports à la Convention, on y remarque les passages suivans :

« Le tribunal révolutionnaire, écrivait-il de la » Somme, la guillotine, et le maratiste André Du-» mont, sont les trois choses qui font trembler ce » département.—Je pars pour Beauvais (Oise), que » je vais mettre au bouillon maigre, avant de lui » faire prendre médecine. Les départemens qui sont » dans mon étendue, vont s'élever à l'envi, et bien-» tôt l'aristocratie aux abois ne saura plus où se re-» fugier. » (*)

Il rentra dans le sein de la Convention avant le 9 thermidor, époque de la chute de Robespierre; dès lors il devint le plus grand ennemi du jacobisme, après en avoir été le plus chaud partisan.

A la fin de la mémorable séance du 9 thermidor, lorsque Robespierre s'écria, tout transporté de fureur : « Vous êtes tous des lâches et des brigands, donnez-moi la mort. » Dumont, de sa place, lui répliqua : « Tu l'as méritée cent fois. » (**) Il passa ensuite au conseil des Cinq-Cents, où il siégea jusqu'en 1797. Le département de la Somme, qui se rappelait encore la conduite de Dumont en 1794, ne le réélut pas; il resta sans emploi jusqu'après le 18 brumaire,

(*) *Moniteur*, année 1794.
(**) *Ibidem.*

époque à laquelle il obtint la sous - préfecture d'Abbeville, et on assure que sa conduite pendant quatorze années, comme sous-préfet, avait puissamment contribué à faire oublier celle qu'il avait tenue précédemment, comme commissaire de la Convention.

Il fut préfet du Pas-de-Calais pendant les cent jours ; obligé de s'expatrier, en vertu de la loi du 12 janvier 1816, il se retira en Autriche. Rentré en France depuis plusieurs années, il est mort à Abbeville, le 20 octobre 1838.

DUMONT (le comte Édouard de la Charnaye-), chevalier de la Légion - d'Honneur, auditeur au conseil d'état près l'administration des forêts ; ensuite intendant de Villach, en Illyrie. Vers le commencement de 1814, il accompagna à Caën, le sénateur Latour-Maubourg, commissaire extraordinaire de l'empereur, pour le seconder dans l'objet de sa mission.

Le 22 mars 1815, l'empereur le nomma préfet de la Lozère ; le 30 juin suivant, M. Borel, l'un des anciens chefs de l'insurrection royaliste, connue sous le nom de Camp de Jalès, aidé de quelques autres royalistes de Mende, forma un rassemblement, s'empara de l'hôtel de la préfecture, fit arrêter et emprisonner M. Dumont ; quelques jours après il recouvra sa liberté et se retira dans le sein de sa famille.

Cet ex-fonctionnaire est maintenant sans emploi.

DUNOYER (Barthelemy-Charles-Pierre-Joseph), décoré de Juillet, chevalier de la Légion-d'Honneur, membre de l'Institut, académie des sciences morales et politiques, conseiller d'état en service ordinaire, est né le 20 mai 1785, à Carennac, arrondissement de Gourdon, département du Lot, d'une ancienne famille.

Elève distingué de l'école centrale de Cahors, le jeune Dunoyer fut envoyé en 1803, par M. le préfet, comme élève d'élite, à l'université de jurisprudence qui venait de s'ouvrir à Paris; de là, il passa à l'académie de législation, et ensuite à l'école de droit, où il prit ses grades. Devenu licencié en droit, M. Dunoyer, ne pouvant faire le stage nécessaire pour suivre la carrière du barreau, à cause de l'insuffisance des secours qu'il recevait de ses parens, peu riches, se trouva obligé de se détourner de cette voie; il sollicita, mais sans succès, une place d'auditeur au conseil d'état.

Il fut employé pendant quelque temps, dans les bureaux du ministère des cultes; il concourut à la rédaction d'un journal quotidien et d'un recueil de jurisprudence. Chargé de la traduction d'une partie de corps de droit romain (les Nouvelles de l'Empereur Léon), il s'en acquitta heureusement. En 1809, il suivit M. Bessières (Julien), nommé intendant général de la Navarre, en qualité de secrétaire; de retour en France, en 1813, il accompagna en Hollande un de ses amis qui y occupait un poste important. Lors des évènemens de 1814, il rentra avec l'armée française et revint à Paris; il essaya, mais sans fruit d'obtenir quelque emploi du gouvernement royal.

Débouté de ses espérances, M. Dunoyer se jetta dans l'arène politique; il s'associa avec M. Comte. pour la rédaction du Censeur européen; ils prirent

tous deux l'initiative d'une opposition forte et rai-
sonnée. Plusieurs articles de ce journal attirèrent
sur les rédacteurs la sévérité du pouvoir, et principalement sur M. Dunoyer, qui eut à subir quatre fois
la prison. Le Censeur européen cessa de paraître;
dès lors M. Dunoyer passa pour ainsi dire, inaperçu
les quinze années de la restauration.

Le 26 juillet 1830, instruit par le *Moniteur*, du
coup d'état qui venait de frapper de stupeur la population parisienne, M. Dunoyer, par un mouvement
spontané, sortit de sa retraite, quand rien encore
ne bougeait; il fut souscrire dans plusieurs journaux
l'engagement que nous transcrivons littéralement.

« Ayant fait, en maintes occasions, notamment
» aux élections dernières, serment de fidélité au roi
» et d'obéissance à la charte constitutionnelle et aux
» lois du royaume, je jure sur ma vie de ne payer
» aucune contribution jusqu'à ce que j'aie vu rap-
» porter les ordonnances monstrueuses consignées
» dans le *Moniteur* de ce jour, ordonnances subver-
» sives de nos lois les plus fondamentales, et vio-
» lemment attentoires à l'honneur du roi et à la
» sureté du trône. »

Cette courageuse conduite lui valut la décoration
de Juillet; et, sur la recommandation de M. de
Tracy, membre de la chambre des députés, il fut
nommé préfet de l'Allier, le 13 août 1830. Appelé
à la préfecture de la Mayenne, le 12 novembre 1832,
il réclama contre cette mutation, et, le 23 du même
mois, il passa à celle de la Somme. A son arrivée à
Amiens, M. Dunoyer ne s'y établit pas d'abord sans
quelques obstacles; ces difficultés furent bientôt
aplanies, et peu de temps après, il fit jouir ce

département, sinon de tous les précieux avantages d'une paternelle administration, du moins supportable. Le 23 juillet 1837, il fut tiré de la Somme, pour être envoyé à la préfecture d'Ile-et-Vilaine ; mais des circonstances particulières, qui honorent son caractère, ne lui permirent pas d'accepter ce nouveau poste plus important que celui qu'il quittait. Rentré à Paris, vers la fin du mois d'août, il obtint le titre de conseiller d'état en service extraordinaire, avec autorisation de participer aux travaux du comité de l'intérieur et du commerce, et aux délibérations du conseil d'état.

M. Dunoyer, outre sa coopération au Censeur européen, est auteur d'un nombre assez considérable de brochures dont plusieurs ont été accueillies avec faveur lors de leur publication ; il a fourni plusieurs articles de fonds au Journal des Débats, et notamment à la Revue encyclopédique. Depuis la révolution de Juillet, il a publié, sur les principales questions que ce grand évènement a fait naître, un petit volume in-8°, qui est, dit-on, peut-être, ce qu'il a écrit de mieux.

Aujourd'hui M. Dunoyer, moins absorbé par ses fonctions, se met en mesure de terminer un ouvrage sous le titre de Traité d'Économie sociale, qu'il avait commencé dans les dernières années du règne de Charles X, dont il fut distribué environ 150 exemplaires, et qui n'a pas peu contribué à lui ouvrir les portes de l'Institut. Il a été nommé conseiller d'état en service ordinaire, vers la fin de 1838, et au commencement de 1839, il a été gratifié d'une sinécure, celle d'administrateur général de la Bibliothèque du Roi, aux appointemens de 18,000 fr.

DUPELOUX, auditeur au conseil d'état, près la direction générale des ponts-et-chaussées, sous le gouvernement impérial ; le roi le nomma en 1815, à la sous-préfecture de Corbeil ; le 3 avril 1819, il devint, grâce à son ami, M. Decazes, alors ministre, préfet des Basses-Alpes ; par la volonté de son excellence de Villèle, ennemi politique des favoris de M. Decazes, il fut révoqué de ses fonctions le 27 juin 1823. Depuis cette époque, il est sans emploi.

DUPIN (le baron Claude - François - Etienne), conseiller-maître à la cour des comptes, officier de la Légion-d'Honneur, naquit à Metz, le 30 novembre 1767, a été successivement, sous le gouvernement directorial, secrétaire général du département de la Seine, et commissaire du gouvernement au même département. Le 3 mars 1800, il fut nommé préfet des Deux-Sèvres ; il fonda à Niort une société des sciences et arts. Pendant le cours de son administration dans ce département, il ne cessa d'encourager de tout son pouvoir l'agriculture, principe de la richesse nationale. Le 31 août 1813, l'empereur l'appela aux fonctions de conseiller à la cour des comptes qu'il a remplies avec zèle pendant quinze années.

M. Dupin est connu dans le monde littéraire par des traductions de l'allemand et d'autres langues, ainsi que par d'excellens ouvrages sur l'administration et la comptabilité des revenus communaux, et des secours publics. En 1823, il obtint de l'académie des sciences, le prix de statistique ; il allait mettre sous presse un écrit important sur l'origine et les

droits des communes , lorsqu'il mourut à Paris ,
le 11 novembre 1828.

Il est auteur d'une statistique du département des
Deux-Sèvres, qui ne laisse rien à désirer. M. Dupin
avait épousé la veuve de l'ex-conventionnel Danton.

DUPLANTIER (le baron Valentin), officier de
la Légion - d'Honneur , avocat du roi à l'époque de
la révolution ; en 1790. il fut nommé commissaire
près le tribunal de Bourg (Ain) ; après les évènemens
du 31 mai, il fut obligé de sortir de France pour se
soustraire aux persécutions qu'on lui avait suscitées ;
il se rendit en Italie , où il occupa un modeste emploi dans les vivres de l'armée. Il rentra dans sa
patrie après la chute de Robespierre ; en septembre 1795 , il fut élu membre du conseil des Cinq-
Cents , il se lia avec le parti Clichien , et fut de
nouveau contraint de quitter son pays pour échap-
per à la déportation ; il se refugia en Suisse et ne
revint en France qu'après le renversement du directoire. En 1800 , les consuls le nommèrent conseiller général du département de l'Ain ; le 20 messidor an X (9 juillet 1802) , il devint préfet des
Landes ; le 30 novembre 1810 , il passa à la préfecture du Nord , qu'il administra jusqu'en 1814 ,.
époque de sa mort. M. Duplantier était un administrateur éclairé , probe et actif.

DUPLEIX DE MEZY (le comte Charles-Joseph-
Réné), pair de France , commandeur de la Légion-
d'Honneur , naquit à Paris , le 3 décembre 1766. (*)

(*) Plusieurs biographes assurent qu'il était neveu du célèbre Dupleix ,
gouverneur de Pondichéry, sous Louis XV.

Son début dans la carrière administrative , date de 1814 ; à cette époque il devint préfet de l'Aube ; mais Napoléon, à son retour de l'île d'Elbe, renvoya cet administrateur improvisé.

Après la seconde restauration, le 12 juillet 1815, il obtint la préfecture du Nord , l'une des plus importantes du royaume. Le 3 février 1817 , il fut nommé conseiller d'état et directeur général des postes. Son court passage dans cette administration fut marqué par d'utiles établissemens ; on lui doit surtout celui des malles-postes. M. de Girardin , alors député de l'opposition, rendit un éclatant témoignage aux sages mesures de ce directeur général. (*) Nommé membre de la chambre élective, par le département du Nord , M. Dupleix y figura au nombre des plus complaisans ministériels. En 1825, il fut l'un des membres de la commission de l'indemnité des émigrés. Il a été élevé à la dignité de pair de France , sous le ministère Perier , le 12 octobre 1832. Il est mort à Paris , le 6 janvier 1835.

M. Dupleix de Mezy était d'une capacité administrative assez distinguée, et surtout un grand travailleur.

DUPONT-DELPORTE (le baron) pair de France, commandeur de la Légion-d'Honneur , fut d'abord nommé auditeur au conseil d'état ; le 27 juillet 1808 , il devint préfet de l'Ariège ; il passa à la préfecture de l'ancien département du Taro (Parme), le 7 août 1810, où il resta jusqu'aux désastres de 1814. L'empereur Napoléon lui confia , pendant les cent jours, la pré-

(*) Séance de la chambre des députés du 9 avril 1822.

fecture du Nord ; il mit le plus grand empressement à faire arborer le drapeau blanc à Lille, dès aussitôt la nouvelle rentrée du roi ; mais son zèle ne fut pas récompensé, car il ne tarda pas à recevoir un successeur.

Il est aujourd'hui conseiller d'état en service extraordinaire, et préfet de la Seine-Inférieure depuis le mois de novembre 1830. Il a été nommé commandeur de la Légion-d'Honneur, le 30 avril 1836, et élevé à la dignité de pair de France, le 7 mars 1839.

DUPONT (Eusèbe), nous dirons qu'il a été préfet des Hautes-Pyrénés, pendant les cent jours, et voilà tout.

DUPUY, nous ne pouvons affirmer s'il appartient à la famille du conventionnel de ce nom ; mais ce dont nous sommes certain, c'est qu'il a été préfet de la Haute-Loire, depuis le 13 août 1830, jusqu'au 21 janvier 1833, époque de sa révocation.

DUVAL (Jean-Pierre), chevalier de la Légion-d'Honneur, avocat à Rouen, avant la révolution ; en septembre 1792, il fut nommé député à la Convention nationale, par le département de la Seine-Inférieure, et y figura parmi les modérés. Il vota la détention et le bannissement de Louis XVI, et opina pour l'appel au peuple et pour le sursis ; il se prononça fortement contre les évènemens du 31 mai, et fut décreté d'accusation ; mais il parvint à se soustraire aux poursuites de ses persécuteurs, et après la mémorable journée du 9 thermidor, il rentra dans le sein de la Convention. Il devint ensuite membre

du conseil des Cinq-Cents, et en sortit en 1797;
le 29 octobre 1798, il fut nommé ministre de la
police générale; il se montra dans ce nouveau poste
avec la même modération qu'il avait apportée dans
les fonctions législatives. En 1799, il entra au corps
législatif qui le nomma son président, en janvier 1800.
Il fut ensuite nommé commissaire général de police
à Nantes, et le 1er février 1805, il obtint la préfecture
des Basses-Alpes, qu'il administra jusqu'en 1814.

M. Michaud jeune, rapporte dans le supplément
de la Biographie universelle, tome 63, page 267,
qu'il fut accusé par les ministres de Louis XVIII,
d'avoir laissé passer Napoléon, lorsqu'il aurait pu
l'arrêter, et que le ministre de l'intérieur lui avait
écrit dans ces termes : « Hâtez-vous, Monsieur le
» préfet; sonnez le tocsin, ou tâchez du moins de
» fermer retraite à celui à qui vous n'avez pu dispu-
» ter le passage. Un second malheur serait un crime.
» Le roi, qui vous connait et vous estime, compte
» sur vous. »

Cette dépêche inopportune arriva sans doute trop
tard; car nous pouvons affirmer que les habitans de
Digne n'ont pas été alarmés par le sinistre son du
tocsin à cette époque.

Il fut préfet de la Charente pendant les cent jours
de 1815. Retiré dans ses foyers depuis le second
retour des Bourbons, il jouissait dans sa modeste
retraite, de toute la considération due à l'homme de
bien, lorsqu'il mourut en 1819.

Il est du nombre de ces hommes qui sont sortis
de fonctions éminentes les mains pures et la con-
science sans reproches. Né sans fortune, il est mort
sans laisser d'héritage.

DUVAL (Maurice-Jean), commandeur de la Légion-d'Honneur, pair de France, né à Versailles le 11 juillet 1778 ; il était auditeur au conseil d'état lorsqu'il fut nommé le 30 novembre 1810, préfet de l'ancien département des Apennins ; il perdit cette place par suite des évènemens de 1814. Pendant les cent jours, il administra la préfecture de l'Eure ; privé de tout emploi durant tout le cours du règne de la branche aînée des Bourbons, il reparut enfin dans les fonctions publiques sous le règne de la branche cadette, vers les premiers jours du mois de mars 1831, comme préfet des Pyrénées-Orientales. Le 19 janvier 1832, il passa à la préfecture de l'Isère ; le début de son administration à Grenoble, fut signalé par des scènes déplorables au sujet d'un bal bien composé, que les jeunes gens de la ville devaient donner dans la soirée du 13 mars.

M. le préfet, instruit de ce projet, se mit de suite à l'œuvre pour le renverser ; M. le maire, qui prévoyait toutes les fâcheuses conséquences de la résistance de l'administration départementale à cet égard, guidé surtout par l'amour du bien public, se rendit plusieurs fois à l'hôtel de la préfecture pour obtenir du préfet le retrait de son arrêté, portant défense formelle de danser, en lui donnant l'assurance que la tranquillité publique ne serait point troublée.

M. Duval, immuable, dans sa volonté, ne voulut pas céder ; aussi dans la soirée du même jour son hôtel fut envahi ; la force armée arriva ; la lutte s'engagea entre les assaillans et les soldats de la ligne ; et, sans aucune sommation légale, le sang français fut répandu par des bayonnettes françaises.

On assure que des femmes, des vieillards et des

enfans furent impitoyablement massacrés. Cette lutte
sanglante ne dura pas moins de 48 heures ; dans cette
intervalle, M. le préfet épouvanté, se réfugia, pour
se mettre à couvert du péril qui le menaçait, dans la
caserne occupée par le 35ᵉ de ligne, et, d'où il
ne sortit que lorsque l'ordre fut entièrement rétabli.

Cependant, M. Duval ne pouvait convenablement
rester dans un pays où l'esprit public supportait
impatiemment sa présence ; le gouvernement fut au
moins de cet avis, car le 12 mai 1832, il fut rappelé
et remplacé par M. Pellenc. En apprenant cette
nouvelle, les Grenoblois se livrèrent à la joie la plus
vive et manifestèrent leur satisfaction par des feux
de réjouissance ; à son départ de Grenoble, il se fit
escorter par 24 dragons. Environ cinq mois après,
il fut créé pair de France et nommé préfet de la
Loire-Inférieure ; à son arrivée à Nantes, il fut charivarisé, quelques troubles s'en suivirent ; mais ils
furent bientôt apaisés par la puissante énergie de
M. le maire de cette ville.

M. Duval a puissamment contribué, par son zèle
et par son activité, à l'arrestation de Madame, duchesse de Berry, qui eut lieu le 7 décembre 1832,
à dix heures du matin, dans la ville de Nantes ;
après 18 jours et 18 minutes de recherches non in-
terrompues, dirigées par lui-même en personne.

Il a eu le malheur, durant le cours de son administration dans ce pays, qui date de plus de six ans,
non seulement de ne pas s'entendre avec le conseil
général, mais encore de s'entourer de l'impopula-
rité qui, à ce qu'on assure, réagit sur l'influence
gouvernementale.

E

ENTRAYGUES (Alexandre-Pierre-Amédée d'),
issu d'une ancienne famille du Berry, maître des
requêtes en service extraordinaire , officier de la
Légion-d'Honneur , a été nommé préfet d'Indre-et-
Loire , le 2 août 1830. Nous ignorons si ce fonctionnaire est fils , petit-fils , ou neveu de M. le comte
d'Entraygues , que M. Thiers nous signale , dans
l'Histoire de la Révolution française, comme ayant
été l'agent du prétendant , et le confident de tous
les secrets de l'émigration.

M. d'Entraygues a pris racine à Tours ; il est
vraisemblable , d'après sa conduite administrative ,
et à laquelle on se plaît à rendre hommage, qu'il s'y
maintiendra , à moins toutefois qu'une tempête ministérielle vienne l'en arracher.

ESMANGART DE FREYNE (le comte Claude-
Florimond) , commandeur de la Légion-d'Honneur,
décoré de plusieurs ordres étrangers ; après avoir
passé sa première jeunesse dans les colonies , où il
naquit , et où ses parens possédaient des propriétés
considérables , il entra dans la magistrature ; il occupa avec distinction les honorables fonctions de
président du tribunal de première instance à Gand ,
pendant les dernières années du règne de Napoléon.
En 1814 , il fut nommé maître des requêtes en service ordinaire , et , en 1817 , conseiller d'état ; plus
tard , il se rendit à Saint-Domingue pour y remplir
une mission importante dont le gouvernement l'avait
chargé.

De retour en France, et, le 19 juillet 1820, il devint préfet de la Manche, d'où il passa le 7 avril 1824, à la préfecture du Bas-Rhin, poste très-difficile pour un administrateur: cependant il parvint à s'y concilier tous les esprits par sa sagesse, sa modération et son caractère à la fois ferme et plein de douceur.

Depuis la révolution de 1830, il vivait retiré à Meaux, où il jouissait d'une pension de 6,000 fr., qu'il avait obtenue le 4 février 1833. Atteint d'infirmités cruelles, et après avoir fait un pénible voyage à Bourbonnes-les-Bains, il mourut à Meaux le 4 octobre 1837.

ESNON DE SAINT - CERAN, chevalier de la Légion-d'Honneur depuis 1814: à cette époque, il fut nommé sous-préfet de Sceaux; le 6 avril 1815, il devint préfet de la Haute-Saône; mais il perdit cette place au second retour du roi. Depuis, nous le croyons hors de la ligne des fonctionnaires.

ESPÉE (de l'), ancien député, chevalier de la Légion-d'Honneur, neveu du maréchal Ney; il a été pendant quelques années aide-de-camp du maréchal Oudinot.

Lorsque M. le comte de Lobeau, maréchal de France et membre de la chambre des députés, fut élevé à la pairie, M. de l'Espée lui succéda à la chambre élective; et, comme lui, il fit partie de la majorité ministérielle. Il a été réélu en 1834; mais, il n'en a pas été ainsi en 1837.

Nous ne savons trop pourquoi les électeurs de Lunéville n'ont pas voulu lui continuer le mandat; c'est cependant un fait que nous aurions désiré connaître, maintenant que M. de l'Espée occupe un place dans notre galerie administrative, comme préfet du Gers, depuis le 20 octobre 1838.

Il a été elu député aux élections du 3 mars 1839, et remplacé dans sa préfecture le 14 du même mois, par M. Bocher, sous-préfet d'Étampes.

ESTOURMEL (le comte Joseph d'), officier de la Légion - d'Honneur, issu d'une ancienne famille de Picardie, est né le 20 mars 1780 ; a été sous le gouvernement impérial, auditeur au conseil d'état et sous-préfet du Château-Gontier. Le 12 juillet 1815, il obtint la préfecture de l'Aveyron.

Lors de l'assassinat de M. Fualdès, en 1818, et pour en découvrir les auteurs M. d'Estourmel, encore préfet à Rodez, déploya nuit et jour la plus grande activité ; en un mot, on peut dire qu'il contribua puissamment à éclairer la justice sur ce crime épouvantable. Le 8 juillet 1818, il fut appelé à la préfecture de la Sarthe ; le 19 janvier 1819, à celle d'Eure-et-Loir, d'où il passa le 27 juin 1823, à la préfecture des Vosges, où il ne demeura pas longtemps, car, le 7 avril 1824, on l'envoya à Saint-Lô (Manche), remplacer M. Esmangart, passé à la préfecture du Bas-Rhin.

Durant le cours d'une administration de six ans dans le département de la Manche, M. d'Estourmel ne cessa de s'occuper principalement de constructions des routes, des projets de canalisation et de tous les genres de travaux qui peuvent intéresser ce pays. Depuis la révolution de 1830, il est membre de la chambre des députés, dévoué à tous les ministères.

EYMARD, chevalier de la Légion-d'Honneur, a été pendant quelque temps, depuis 1815, employé au ministère de la police générale ; le 3 juin 1818, il fut nommé lieutenant-général de police à Marseille. Le 30 janvier 1820, il devint préfet de la Corse, et fut destitué en 1822.

Nous n'avons pu découvrir s'il revint à la police. Il est actuellement membre du conseil général de la Drôme.

F

FABRY, chevalier de la Légion - d'Honneur, originaire du Brabant, bourguemestre de la ville de Liège en 1789 et 1790 ; il exerça ensuite diverses fonctions municipales dans cette même ville : en 1798, il fut nommé membre du conseil des Cinq-Cents ; et par suite du changement de gouvernement au 18 brumaire, il passa au corps législatif.

Le 3 mars 1800, il obtint la préfecture de l'Ain ; en 1801, il fut nommé président du tribunal criminel de la Meuse-Inférieure, et membre de la Légion-d'Honneur. En 1812, l'empereur le nomma conseiller à la cour impériale de Liège : il est mort en 1825.

FADATES DE SAINT-GEORGES, chevalier de la Légion-d'Honneur, ancien maire de Troyes, et membre du conseil général de l'Aube ; pendant long-temps il siégea à la chambre des députés, et y votait avec les plus dévoués royalistes. Le 1er novembre 1826, il devint préfet des Côtes-du-Nord ; il occuperait encore ce poste, si la révolution de 1830 ne fut venue mettre fin à sa carrière administrative ;

car on prétend que ce fonctionnaire se trouvait fort bien dans ce pays ; nous ignorons si ses administrés se trouvaient aussi bien de lui.

Cet ex-préfet, pendant son administration municipale à Troyes, trouvant fort mauvais que l'on donnât des sérénades aux députés constitutionnels qui passaient en cette ville, prit dans le mois d'octobre 1820, un arrêté, par lequel il prohibait expressement tout rassemblement ayant pour but de donner des sérénades à tout individu quelconque. On peut juger par cet échantillon de la conduite de M. Fadates comme maire, de celle qu'il a dû tenir comme préfet.

FARGUES, fils de l'ancien sénateur de ce nom, mort subitement dans la maison de campagne de son collègue Bertholet, à Auteuil, le 28 septembre 1804, fut d'abord auditeur au conseil d'état, section de l'intérieur ; ensuite successivement intendant dans les provinces Illyriennes et en Espagne ; et puis sous-préfet d'Autun ; il se signala dans ce poste, lors de l'invasion de 1814, par une conduite vigoureuse et habile. Le 1er mai 1815, il fut nommé préfet de la Haute-Marne ; il déploya encore dans ces nouvelles fonctions la plus grande énergie, et resta un moment au pouvoir des troupes de la coalition. Le 6 août 1830, il devint préfet de ce même département ; mais il fut remplacé le 7 mars 1831, par M. Rivet.

M. Fargues jouit de la réputation d'un administrateur irréprochable et d'un vrai mérite.

FAUCHET (le baron Jean-Antoine-Joseph), commandeur de la Légion-d'Honneur, naquit le

3r août 1761, à Saint-Quentin, où il était avocat avant notre première révolution. Il occupa ensuite les fonctions de secrétaire de la mairie de Paris, sous Pache; puis successivement celles de secrétaire général du conseil exécutif provisoire, et de ministre plénipotentiaire aux États-Unis. Il fut rappelé en 1795 et se retira dans ses foyers.

Le 31 août 1798, le directoire le nomma commissaire du gouvernement français à Saint-Domingue; il refusa et continua de vivre dans la retraite.

Le 3 mars 1800, il devint préfet du Var; le 7 décembre 1805, un décret rendu au quartier impérial d'Austerlitz, l'appela à l'importante préfecture de Bordeaux; enfin, le 16 mars 1809, il passa à celle de l'ancien département de l'Arno (Florence); les évènemens de 1814 le forcèrent de rentrer en France. M. le baron Fauchet, fut de nouveau préfet de Bordeaux, pendant les cent jours de 1815. Rentré dans la vie privée après le second retour des Bourbons, il sollicita une pension de retraite qui lui fut enfin accordée, sous le ministère Martignac, en 1829. M. Fauchet était un excellent administrateur et a laissé d'honorables souvenirs à Draguignan, Bordeaux et Florence.

Il est mort à Paris, le 14 septembre 1834, à la suite d'une longue et douloureuse maladie, en laissant d'intéressans mémoires que sa famille se propose de publier.

FAYE, était conseiller de préfecture à Lyon, depuis la révolution de 1830; il a été nommé préfet de la Sarthe, le 21 octobre 1836. Transféré par la volonté ministérielle à la préfecture de la Loire, le 20 octobre 1838.

FAYPOULT (le baron Guillaume-Charles de), chevalier de la Légion-d'Honneur, naquit en 1752 ; capitaine du génie avant la révolution, il donna sa démission et se livra à l'étude des sciences. En 1789, il embrassa avec enthousiasme le nouvel ordre des choses ; il fut pendant quelque temps secrétaire général du ministère de l'intérieur ; banni momentanément comme noble, il quitta ces fonctions. Le 8 novembre 1795, le directoire lui donna le portefeuille du ministère des finances qu'il remit, le 14 février 1796, à M. Ramel-Nogaret ; il fut ensuite envoyé à Gênes, en qualité de ministre plénipotentiaire de la république française. Sa conduite dans ce pays fut digne d'éloges, il seconda puissamment les efforts du général Bonaparte ; aussi, la république ligurienne fit frapper une médaille avec leurs bustes sur laquelle on lisait cette exergue :

A Napoléon Bonaparte, et à Guillaume Faypoult, la Ligurie reconnaissante. Cependant quelque temps après, il fut destitué et proscrit au 18 fructidor. Il parvint à se soustraire à l'exécution de cette mesure. Le 3 mars 1800, il obtint la préfecture de l'ancien département de l'Escaut (Gand) ; son administration lui mérita l'estime et la reconnaissance des habitans de ce pays.

En 1809, Joseph Napoléon, l'appela auprès de lui à Madrid, et en fit son ministre des finances. Rentré en France en 1814, il ne fut pas employé par le gouvernement du roi. Le 27 avril 1815, il fut nommé à la préfecture de Saône-et-Loire ; lorsque les Autrichiens se furent emparés de Mâcon, ce fonctionnaire, en butte à toutes sortes de vexations de la part des étrangers, fut jetté dans les prisons les plus mal saines de la ville ; cependant le général en chef autrichien, lui rendit la liberté et l'invita à reprendre les fonctions de préfet, qu'il exerça encore quelques jours. Après avoir installé son successeur, il partit secrètement de Mâcon, et se rendit à Gand, où il reçut l'acceuil le plus flatteur de la part de ses anciens administrés. Revenu à Paris, vers la fin de 1816, il y mourut au mois d'octobre 1817.

FERRAND (Jules), chevalier de la Légion-d'Honneur, frère du directeur général des postes, en 1815, sous Louis XVIII, a été successivement sous-préfet de Bressuire et de Sens ; le 27 juin 1823, il devint préfet des Basses-Alpes ; le 3 mars 1828, il passa à la préfecture de l'Aveyron. Il s'éclipsa à la la révolution de 1830, et, depuis cette époque, il n'a plus reparu sur la scène administrative.

M. Ferrand jouit de la réputation d'un homme à tendances jésuitiques.

FERRI-PIZANI, de l'Ile d'Elbe, suivit Napoléon en mars 1815, lorsque ce souverain rentra en France pour remonter sur le trône ; le 19 mai suivant, il fut nommé préfet de la Vendée ; il ne conserva pas long-temps cette préfecture, les désastres de Waterloo ayant fait crouler de nouveau le trône impérial.

M. Ferri revint à l'île d'Elbe, où il s'occupe de l'exploitation de ses mines de fer.

FEUTRIER (le Baron Alexandre-Jean), pair de France, officier de la Légion-d'Honneur, frère de l'ancien évêque de Beauvais, qui fut ministre des cultes sous le règne de Charles X, est né à Paris, le 3 juillet 1787 ; il a fait partie du conseil d'état de l'empire, comme auditeur, et a rempli en cette qualité, plusieurs missions importantes ; le 24 février 1819, il obtint la préfecture de Saône-et-Loire ; il fut destitué sous le ministère Villèle, par ordonnance royale du 23 mars 1822, et remplacé par M. le comte de Bourblanc. Il conserva cependant sa place de maître des requêtes en service extraordinaire. Le 23 novembre 1828, sous le ministère Martignac, il fut appelé à la préfecture de Lot-et-Garonne ; et, en avril 1830, admis à faire valoir ses droits à la retraite. Le 2 août suivant, il fut nommé préfet de la Sarthe, et le 5 du même mois, il passa à la préfecture de l'Oise. Il a été créé pair de France, le 11 septembre 1835.

FIEVÉE (Jean), chevalier de la Légion-d'Honneur, est né à Paris, en 1770 ; son père était directeur de la poste aux lettres à Soissons, le jeune Fievée commença son éducation en cette ville ; mais ayant eu le malheur de perdre l'auteur de ses jours, se trouvant sans fortune et sans protecteur, il se rendit à Paris et se plaça dans une imprimerie en qualité de compagnon.

Quelque temps après, doué de beaucoup d'esprit naturel et d'une imagination fertile, il s'associa avec Millin et Condorcet pour la rédaction de la chronique de Paris. Vers la fin de 1792, il publia une comédie en deux actes, intitulée : *Les Rigueurs du Cloître*. Sous la Convention nationale et le directoire, il fut l'un des principaux rédacteurs de la Gazette de France ; il fut proscrit au 18 fructidor, à cause de ses opinions et de ses écrits anti-républi-

cains. Il parvint à se soustraire à l'exécution du décret
de déportation et se retira à la campagne. Dans sa
retraite, il conserva des relations avec le parti royaliste ; sa correspondance fit découvrir sa résidence
et amena son arrestation ; il fut transféré au Temple.

Le 3 janvier 1800, il obtint sa liberté, par l'intermédiaire de Mme de Genlis. En 1802, le premier
consul l'envoya en Angleterre, chargé d'une mission
importante ; de retour en France, il concourut à la
rédaction du *Mercure*, et ensuite il devint proprié-
taire du Journal de l'Empire. En 1810, il fut maître
des requêtes en service ordinaire, section de l'intérieur ; le 13 mars 1813, il fut nommé préfet de la
Nièvre ; le roi le conserva, mais l'empereur Napoléon le fit remplacer par M. Rougier de la Bergerie,
le 30 mars 1815. Après le second retour du roi,
M. Fievée devint membre de la commission des journaux ; il ne fit partie de cette commission que pendant quelques jours, il donna sa démission.

Depuis cette époque, il n'a cessé de faire une guerre
de plume très-vive à tous les ministères qui se sont
succédés jusqu'à celui connu sous la qualification de
déplorable, et il a montré qu'il savait à la fois rai-
sonner avec vigueur, raconter avec clarté, persifler
avec amertume. Il a travaillé long-temps au *Conservateur*.

FINOT (le baron Bernard), officier de la Légion-
d'Honneur, est né en 1787 ; élève de l'école polytechnique, il fut d'abord destiné au génie militaire ;
mais il se décida à parcourir la carrière administrative ; il entra au conseil d'état comme auditeur. Le
30 novembre 1810, l'empereur l'appela à la préfec-

ture de l'ancien département du Mont-Blanc (Chambery), là, dans des circonstances difficiles, il donna des preuves de courage, d'un entier dévoûment à l'empereur Napoléon, et d'un grand intérêt à ses administrés ; le conseil général de ce département vota, le 15 mars 1814, des remerciemens au courageux préfet.

M. le baron Finot, rentré en France, resta sans emploi pendant près de cinq ans. Le 10 février 1819, il fut appelé à la préfecture de la Corrèze ; le 1er septembre 1824, il passa dans le département de la Creuse ; le 3 mars 1828, il obtint la préfecture du Cher ; et enfin le 10 décembre suivant, il fut transféré à celle de l'Isère, où il était à l'époque de la révolution de 1830. Il a été admis à faire valoir ses droits à la retraite. Le 4 août 1835, il a obtenu une pension de 3,876 fr.

Aux élections générales de 1837, il a été élu député par le collége électoral de l'arrondissement d'Ussel (Corrèze). Il a été des 221, formant la majorité ministérielle de l'avant-dernière chambre. Il n'a pas été réélu aux dernières élections (mars 1839).

FLAVIGNY (le marquis Alexandre de), officier d'artillerie sous Louis XVI et à l'armée des princes dans l'émigration ; il était maire de Laôn, sa ville natale, lorsqu'en 1808, il fut nommé sous-préfet de Soissons ; le 3 janvier 1814, il obtint la préfecture de la Haute-Saône ; il administra ce département jusqu'aux évènemens de 1815. A cette époque, l'empereur l'appela à la préfecture de la Meuse ; M. de Flavigny n'accepta point. Le 14 juillet 1815, il fut nommé par le roi, préfet de la Haute-Vienne. Il n'y

resta qu'environ un an ; étant tombé malade , il demanda un congé pour aller prendre l'air natal , et
mourut à Laôn, le 2 novembre 1816.

FLEURY (Mathieu) , de la sous-préfecture **de**
Jonzac où il était depuis le mois d'août 1830 , il
passa à la préfecture de la Lozère, le 21 septembre 1834. Il a été appelé à d'autres fonctions le
20 octobre 1838, et remplacé par M. Delon , venu
de la sous-préfecture de Saint-Etienne. Le 1er novembre de la même année , il a été nommé conseiller
de préfecture de la Seine , en remplacement **de**
M. Fain , décédé.

D'après des renseignemens qui nous ont été fournis , nous avons la certitude que M. Mathieu **Fleury**
est petit-neveu du cardinal de ce nom, **premier mi-**
nistre de Louis XV.

FLOIRAC (le comte Charles Gourdon-Lagrange
de) , chevalier de Saint-Louis , commandeur de la
Légion-d'Honneur, issu d'une ancienne famille du
Quercy , est né à Lavercantière , arrondissement de
Gourdon, département du Lot , en 1755 ; il émigra
en 1791 et rentra en France sous le gouvernement
impérial. Le 4 juin 1814, il reçut du roi le brevet
de maréchal-de-camp en non activité ; le 26 juillet
suivant, il fut nommé préfet du Morbihan , en récompense de ses services dans l'émigration ; l'empereur , à son retour de l'île d'Elbe , destitua ce
nouveau fonctionnaire qui fut réintégré immédiatement après la seconde rentrée des Bourbons.

Le 25 octobre 1815 , il passa à la préfecture de
l'Hérault ; le 6 août 1817 , il fut remplacé par

M. Creuzé de Lesser, et admis à la retraite ; en quittant Montpellier, il se retira à Versailles, où il fixa son domicile. Le 9 janvier 1822, il fut appelé à la préfecture de l'Aisne ; le 8 janvier 1823, il fut transféré à celle du Doubs, et le 1ᵉʳ septembre 1824, il revint à Laôn. Depuis la révolution de 1830, il est sans emploi.

M. de Floirac siégea à la chambre des députés en 1817 ; il vota avec le centre droit, il parla avec chaleur en faveur des émigrés, des Vendéens et des Verdets, et demanda le rétablissement des lois touchant le duel.

On le compte aujourd'hui au nombre des légitimistes les plus prononcés. Il habite Paris.

FLORENT (le baron), chevalier de la Légion-d'Honneur, commissaire français à Rome, et membre du conseil des Cinq-Cents, sous le gouvernement directorial ; le 3 mars 1800, il fut nommé préfet des Alpes-Maritimes ; le 23 germinal an X (13 avril 1802), il fut appelé à la préfecture de la Lozère.

Le 12 mars 1813, il fut remplacé par M. Gamot. Les motifs de cette disgrâce ne nous sont pas connus. Il est actuellement membre du conseil général de ce même département, qui doit être sans doute son pays natal.

FLORET, maître des requêtes, chevalier de la Légion-d'Honneur, débuta dans la carrière administrative par la sous-préfecture d'Aix, en août 1830 ; le 10 décembre 1832, il fut nommé préfet du Var, et, le 12 novembre 1835, il passa à la préfecture de l'Hérault. Une ordonnance royale du 20 octobre 1838, l'a appelé à l'administration de la Haute - Garonne, en remplacement de M. Onfroy-de-Breville, envoyé à Épinal (Vosges).

FORESTA (le marquis Marie-Joseph), chevalier de la Légion - d'Honneur et de Saint-Jean de Jérusalem , grand'croix de l'ordre de Saint-Léopold d'Autriche, référendaire de la cour des comptes sous le gouvernement impérial ; le 26 juillet 1815, il fut nommé sous-préfet à Aix et ensuite à Châteaudun, et devint préfet des Pyrénées-Orientales, le 26 juin 1822. On lit dans une biographie qui a paru en 1826, que dès son arrivée à Perpignan , il assembla ses subordonnés et les principaux fonctionnaires :

« Messieurs , leur dit-il , je suis ultra , je vous en » préviens , et je ne veux que des ultra dans mon » administration. »

Le 2 janvier 1823 , il passa à la préfecture du Finistère. Le premier acte de son administration dans ce département , fut de provoquer la destitution de M. Kerbos , maire de Brest , magistrat recommandable , sous tous les rapports , chéri et estimé de toute la ville.

M. le marquis ne pouvant faire le bien dans un pays où il avait si mal débuté , demanda une autre destination, et le 22 septembre 1824, il fut appelé à la préfecture de la Meurthe ; le 27 janvier 1828 , il passa à celle de la Vendée , et le 2 avril 1830, toujours poussé par la faveur, il fut transféré à celle du Loiret, qu'il perdit après la révolution de Juillet.

M. Foresta est un chaud partisan de la branche aînée des Bourbons et entièrement dévoué aux principes du droit divin.

FORGET (de), chevalier de la Légion - d'Honneur, ancien capitaine à l'état-major de la garde nationale de Paris, et sous - préfet de Riom, sous le gouvernement impérial ; il n'a occupé aucune fonction publique durant le cours du règne de la branche aînée des Bourbons. Le 2 septembre 1830, il fut nommé sous-préfet de Soissons, et le 30 juillet 1832, il devint préfet de l'Aude.

Mais à peine arrivé dans ce département, où il commençait déjà à faire le bien, parut une ordonnance royale du 30 octobre de la même année, portant nomination de M. Teissier à la préfecture de l'Aude, en remplacement de M. de Forget. Aussitôt que la nouvelle de cette ordonnance fut connue à Carcassonne, M. le maire de cette ville envoya sur le champ sa démission au ministre de l'intérieur, en lui exprimant ses vifs regrets sur la mesure qui venait de frapper cet estimable préfet, dont le caractère conciliateur et franc sympathisait si bien avec ses administrés.

M. de Forget n'a pas survécu long-temps à cette disgrâce, il vivait retiré dans le sein de sa famille, dans sa terre de Pagnan (Puy-de-Dôme), lorsqu'un évènement funeste est venu l'enlever de ce monde. Le 4 octobre 1836, il partit de sa campagne avec ses deux fils, pour aller dîner chez l'un de ses voisins, et passant la rivière en voiture, il manqua le gué. L'équipage fut submergé. L'aîné de ses enfans se sauva à la nage. Il pouvait en faire autant, mais le dévoûment paternel le porta à voler au secours du plus jeune, qu'il ne peut atteindre. Les deux cadavres furent retrouvés à une assez grande distance du théâtre de cette horrible catastrophe.

FOURIER (le baron Joseph - Jean - Baptiste),
officier de la Légion-d'Honneur , secrétaire perpétuel de l'académie royale des sciences , et l'un des
quarante de l'académie française , naquit à Auxerre,
le 21 mars 1768; chose extraordinaire , à l'âge de
treize ans il avait terminé ses études , et à dix-huit ,
il fit paraître un mémoire de hautes mathématiques ,
très-important , par les découvertes qu'il renfermait.
Lors de la création de l'école polytechnique , il y entra comme professeur, et en sortit pour faire partie
de l'expédition d'Egypte ; arrivé dans ce pays, il fut
nommé chef de l'administration de la justice et
commissaire près du Divan ; il rendit des services
très - importans dans cette contrée.

De retour en France , il fut nommé presque aussitôt membre de la commission des arts de l'institut
d'Egypte , et reprit son emploi de professeur à l'école
polytechnique. Le 23 pluviôse an X (12 février 1802),
il fut appelé à la préfecture de l'Isère, où il se distingua par une administration sage et éclairée; après
les évènemens de 1814, le roi le conserva dans ses
fonctions. Le 7 mars 1815, M. Fourier se rendit auprès de l'empereur Napoléon à Lyon. S. M. le reçut
avec une bienveillance toute particulière , et par décret impérial du 12 du même mois , le nomma préfet
du Rhône; mais se trouvant en lutte avec l'esprit
révolutionnaire qui alors dominait à Lyon , il donna
sa démission , et fut remplacé par M. Pons , le
17 mai suivant. Rentré dans la vie privée , cet ex-
préfet continua de s'occuper de ses travaux scientifiques. M. Fourier a succombé le 16 mai 1830, à
une affection chronique dont il souffrait depuis plusieurs années.

Ce savant mathématicien était depuis long-temps membre de l'académie française , et de celle des sciences dont il était le secrétaire perpétuel, depuis le mois de novembre 1822. Ses principaux écrits sont un Mémoire sur la Statistique ; des Mémoires et questions sur la théorie analytique de la Chaleur, sur la chaleur rayonnante , sur les températures terrestres , sur la température des habitations, etc.

FRANÇAIS DE NANTES (le comte Antoine) commandeur de la Légion-d'Honneur, naquit à Beaurepaire , près Valence , le 17 janvier 1756 ; il avait séjourné quelque temps en Angleterre un peu avant la révolution ; c'est dans ce pays où il respira le premier air de la liberté , aussi vit-il arriver avec enthousiasme les évènemens de 1789. Il avait été directeur des douanes à Nantes , sous Louis XVI, et puis officier municipal de cette ville. En 1791 , le département de la Loire-Inférieure , le nomma député à l'assemblée législative ; le 10 août 1792 , il dénonça les crimes commis à Avignon , et accusa de forfaiture les députés Bertin et Rebecqui ; il parla aussi sur plusieurs propositions importantes ; il ne fut pas ensuite élu à la Convention nationale.

En 1798 , il entra au conseil des Cinq-Cents , comme député nommé par le département de l'Isère ; le 12 juin 1799, il parla avec énergie en faveur de la liberté de la presse. Immédiatement après le 18 brumaire , il obtint l'emploi de chef de la deuxième division au ministère de l'intérieur , et le 3 mars 1800, il fut nommé préfet de la Charente-Inférieure. Le 5me jour complémentaire an VIII (22 septembre 1800), il fut appelé au conseil d'état ; vers les premiers mois de 1804, il devint directeur général des droits-réunis.

M. Français, par sa conduite dans cette administration financière de nouvelle création, donna des preuves non équivoques qu'il n'avait accepté ces fonctions fiscales qu'afin d'en tempérer la rigueur. En 1814, il fut remplacé par M. Bérenger, mais le roi lui conserva ses fonctions de conseiller d'état qu'il perdit après la seconde rentrée des Bourbons, comme ayant siégé au conseil d'état de l'empereur pendant les cent jours.

Membre de la chambre des députés en 1819, il siégea au côté gauche et vota constamment contre le ministère. Il a été créé pair de France le 19 novembre 1831, et il est mort à Paris, le 8 mars 1836. (*)

FREMIN DE BEAUMONT (le baron Nicolas), chevalier de la Légion-d'Honneur, président du conseil supérieur de Coutances avant la révolution, est né dans cette ville, le 8 avril 1744; sous la Convention et le directoire, il fut procureur-général syndic du département de la Manche. Le 21 germinal an VIII (11 avril 1800), il fut nommé sous-préfet de Coutances; en 1808, il fut élu membre du corps législatif, il en sortit en 1810. Un an après, il devint préfet de l'ancien département des Bouches-du-Rhin, et le 14 juin 1814, le roi le nomma à la préfecture

---

(*) M. Français a fait beaucoup d'heureux durant le cours de ses fonctions de directeur-général. Il avait aussi une grande estime pour les hommes de lettres et particulièrement pour MM. Droz, Lebrun et Casimir Delavigne, aujourd'hui tous trois de l'académie française. On voyait journellement dans ses salons de ville et de campagne un grand nombre d'hommes distingués par leur conversation ou leurs écrits, tels que MM. Suard, Andrieux, le docteur Pariset, etc.

de la Vendée ; le 19 mai 1815, il fut remplacé par
M. Ferri-Pizani, préfet nommé par Napoléon. Depuis cette époque, ce vieux et ancien administrateur
n'a occupé aucun emploi.

FRESLON, chevalier de la Légion-d'Honneur,
était maître des requêtes en service ordinaire, lorsque le 1er septembre 1824, il fut nommé préfet de
la Mayenne ; destitué en novembre 1828, il reparut
sur l'horizon administratif, sous le ministère Polignac ; le 2 avril 1830, il fut appelé à la préfecture
de la Haute-Loire, mais il disparut de nouveau,
chassé par la révolution de 1830 ; M. Fresson s'est
signalé, dit-on, dans son administration par des
fraudes électorales.

FRESSAC (le chevalier de), décoré de la Légion-
d'Honneur, fit partie de l'assemblée législative en
1791 ; il s'y montra un grand partisan de la monar-
chie, aussi, durant tout le cours de la révolution
fut-il constamment persécuté ; il fut emprisonné vers
la fin de 1793, et ne dût sa liberté qu'à la journée
du 9 thermidor. Il vécut ensuite tranquille sous le
directoire, le consulat et l'empire.

En 1814, le roi, voulant récompenser le dévoûment de cet ancien serviteur, lui accorda la croix
de Saint-Louis, et, le 19 février 1816, le nomma
préfet de la Lozère ; mais, le 6 août 1817, il fut
remplacé par M. Moreau, à cause de son âge avancé,
et on lui accorda à cette époque une petite pension
de retraite sur la liste civile. Une biographie prétend
qu'il est né en Languedoc et qu'il est de la religion
reformée.

FREULLEVILLE, chevalier de la Légion-d'Honneur, nous savons qu'il était sous-préfet de Loches, lorsqu'il fut nommé préfet de l'Indre, le 23 juillet 1837.

FREVILLE (le baron Jean-Baptiste-Maximilien Villot de), pair de France, officier de la Légion-d'Honneur, est né à Paris, le 6 mars 1763; il était secrétaire de légation à Vienne et à Madrid, sous le directoire; il entra au tribunat le 4 brumaire an IX (25 octobre 1800), et fut ensuite nommé maître des requêtes en service ordinaire. Le 7 août 1810, il devint préfet de l'ancien département de Jemmapes; le 12 mars 1813, il passa à la préfecture de Vaucluse, et le 13 décembre suivant, il fut transféré à celle de la Meurthe. M. de Freville fut remplacé immédiatement après les évènemens de 1814.

Le 12 juillet 1815, il reprit son emploi de maître des requêtes en service ordinaire, le 20 mars 1824, le gouvernement lui confia les fonctions de secrétaire général au conseil supérieur du bureau du commerce et des colonies, et en août suivant, celles de conseiller d'état. Il a été maintenu dans ces dernières fonctions par Louis-Philippe, et de plus nommé membre du conseil général de la Seine; plus tard, le 12 octobre 1832, il fut élevé à la dignité de pair.

FROCHOT (le comte Nicolas-Thérèze-Benoît), grand-officier de la Légion-d'Honneur, naquit à Dijon (Côte-d'Or), le 20 mars 1761; il était notaire à Arnay-le-Duc, avant la révolution. En 1789, il fut élu député aux États-Généraux, par la sénéchaussée de Châtillon-sur-Seine; il devint l'ami de Mirabeau, qui le nomma l'un de ses exécuteurs tes-

tamentaires. Après la session de l'assemblée constituante, il ne fut pas réélu à l'assemblée législative.
En 1792, il obtint une des judicatures de paix de
Paris ; en décembre 1799, il entra au corps législatif,
et le 3 mars 1800, il devint préfet de la Seine, sur
la recommandation de M. Maret, depuis duc de
Bassano ; il fut ensuite successivement nommé conseiller d'état en service extraordinaire, comte de
l'empire, commandant et grand-officier de la Légion-d'Honneur.

M. de Frochot ayant cru trop légèrement aux
nouvelles mensongères que les agens du général
Mallet cherchaient à répandre dans la capitale, à
l'époque de la malheureuse retraite de Moscou, et
s'étant montré dans cette occasion très-pusillanime,
l'examen de sa conduite fut soumis au conseil d'état,
les sections assemblées ; le résultat de cet examen
ne fut pas favorable à ce magistrat, il fut destitué de
ses fonctions de préfet et rayé du tableau des conseillers d'état, par décret impérial du 23 décembre 1812.

Il fut généralement plaint, et l'empereur témoigna
des regrets que cela lui fut arrivé. S. M. lui portait
une estime toute particulière, et sans l'opiniâtreté
du duc de Feltre (Clarke), alors ministre de la
guerre, M. Frochot n'eut pas été disgrâcié. En 1814
le roi le rappela au conseil d'état, et la ville de Paris,
lui assigna, sur son budget, une pension de 15,000 fr.
Le 22 mars 1815, l'empereur Napoléon le nomma
préfet à Marseille ; après la seconde rentrée du roi,
M. Frochot fut renvoyé de nouveau et il n'a plus été
employé depuis cette époque.

Il est mort le 29 juillet 1828, à l'âge de 68 ans, dans

son domaine d'Etuf, près d'Arc-en-Barrois, département de la Haute-Marne.

FRONDEVILLE (le marquis Thomas-Louis-César Lambert de), est né à Lisieux en 1756; il fit partie de la Constituante en 1791, et s'opposa vivement à la réunion d'Avignon à la France. Après la session de cette assemblée, il émigra, se rendit en Angleterre et s'y maria. Il rentra en France après le 18 brumaire et vécut dans la retraite jusqu'à la première rentrée des Bourbons. Le 10 juin 1814, il fut nommé préfet de l'Allier; il abandonna sa préfecture, lors des évènemens de 1815, et suivit le roi à Gand. De retour en France avec S. M., en juillet 1815, il devint conseiller d'état, et le 10 août suivant, il fut créé pair de France.

L'Histoire de la Restauration nous apprend qu'il vota la mort du maréchal Ney; il ne survécut pas long-temps à cet infortuné guerrier, il mourut à Paris, le 10 juin 1816.

FROTTIER DE BAGNEUX (le comte), officier de l'ordre royal de la Légion-d'Honneur, a été pendant plusieurs années membre du conseil général de la Vendée, il fut nommé préfet des Côtes-du-Nord, le 26 juin 1822. Il passa à la préfecture de Maine-et-Loire, le 1er novembre 1826. Nommé député en 1829, il fut siéger sur les bancs de l'extrême droite; c'est à l'influence des congréganistes et surtout aux services qu'il rendit étant préfet, lors des élections, au ministère Villèle, qu'il dut sa nomination de député. A la session de 1830, il vota contre l'adresse.

M. le comte Frottier de Bagneux est un des plus

chauds partisans de la branche aînée des Bourbons,
et l'on assure que c'est un des personnages les plus
influens qui fomentaient et entretenaient les mouvemens qui avaient naguère lieu dans la Vendée pour
la cause des exilés de Prague. Depuis la révolution
de 1830, M. de Bagneux a été arrêté plusieurs fois
pour ce motif.

FROTTÉ était sous-préfet à Cherbourg (Manche),
lorsqu'il fut nommé préfet de la Creuse (Guéret),
le 2 avril 1830 ; il est rentré dans la vie privée depuis
la chute de Charles X.

FUMERON D'ARDEUIL, conseiller d'état en
service ordinaire, officier de la Légion-d'Honneur,
né à Versailles, en 1779 ; sa carrière politique date
de la seconde restauration. Le 24 août 1815, il fut
maître des requêtes en service ordinaire, attaché au
comité des finances ; ayant fait preuve dans cette
place d'une certaine capacité administrative, le gouvernement lui confia la préfecture de l'Allier. Le
ministère Villèle ne jugea pas convenable de laisser
plus long-temps M. Fumeron à Moulins, il lui envoya un successeur le 9 janvier 1822, et le rappela
au conseil d'état. Sous le ministère Martignac, le
12 novembre 1828, il obtint la préfecture du Var;
mais il fut de nouveau destitué par le ministère Polignac, le 2 avril 1830.

A la chute de la branche aînée des Bourbons,
M. Fumeron se releva; il fut appelé à la préfecture
de l'Herault, d'où il passa, le 22 octobre 1831, à
celle de la Somme. Enfin, le 23 novembre 1832, il
a été nommé conseiller d'état en service extraordi-

naire, et directeur de l'administration départementale et municipale au ministère du commerce et des
travaux publics.

Plus tard, il quitta le ministère du commerce, et
le 6 mai 1835, il devint conseiller d'état en service
ordinaire. Il est aussi membre de la chambre des
députés, où il fait partie de la majorité.

FUSSY (le vicomte Alexandre-Marie Gassot de),
chevalier de la Légion d'Honneur, maire la ville de
Bourges, de 1819 à 1824, époque à laquelle il fut
élu député; le 3 mars 1828, il devint préfet de la
Creuse, et le 12 novembre suivant, il passa à la préfecture de l'Indre. M. le vicomte était encore député
à la session de 1830, où il vota contre l'adresse; il
fut remplacé dans sa préfecture après le départ de
Charles X, et il n'a pas été réélu membre de la
chambre des députés aux élections de 1831.

M. de Fussy siégeait à la chambre au côté droit;
comme préfet, son administration a été trop courte
pour faire le bien qu'il aurait désiré.

G

GABRIEL, ancien secrétaire de M. Royer-Col-
lard; nommé préfet de la Lozère, le 10 août 1830;
du Gers, le 27 juillet 1832, et enfin le 23 juillet 1837,
il fut appelé à la préfecture de l'Aube.

GALÉAZINI (le baron), chevalier de la Légion-
d'Honneur, né à Bastia (Corse), en 1760; il
contribua beaucoup par ses écrits, et soutenu par
l'éloquence de Mirabeau. à faire décréter par l'as-

semblée nationale que la Corse serait réunie à la France. En 1794, il donna à ses concitoyens des preuves d'une rare fermeté et d'un courage héroïque par les énergiques mesures qu'il adopta pour la défense de sa ville natale, vivement attaquée par les Anglais. Ce ne fut qu'après une résistance de quatre mois, et en vertu d'une capitulation des plus honorables, signée par lui, comme maire, que Bastia fut occupée par les Anglais. Dès lors, M. Galéazini vint s'établir en France avec toute sa famille ; arrivé à Paris, Bonaparte, commandant en chef l'armée d'Italie, l'appela auprès de lui, et lui donna l'administration financière de plusieurs provinces conquises.

Sur ces entrefaites, il apprend qu'une armée française va se rendre en Corse pour délivrer ce pays de la présence des Anglais ; il quitta Modène, où il était intendant, pour rentrer dans sa patrie avec cette armée ; les Anglais chassés de Bastia, il reprit les fonctions de maire ; peu de temps après, il fut nommé membre du conseil des Cinq-Cents, mais ses ennemis parvinrent à faire annuler son élection. Le 12 ventôse an VIII (3 mars 1800), époque de la création des préfectures, il obtint celle de l'ancien département du Liamone ; en décembre 1803, il devint commissaire-général du gouvernement, à l'île d'Elbe, avec des pouvoirs extraordinaires. Vers la fin de 1810, M. Galéazini fut dénoncé par les officiers du génie employés dans cette île, pour avoir fait ouvrir une route qui présentait des dangers pour la sûreté de ce pays ; il fut mandé, à Paris, le 8 décembre 1810, pour y rendre compte de sa conduite à cet égard, n'ayant pu parvenir à se justifier complètement, il fut destitué.

Les évènemens de 1814 amenèrent Napoléon dans l'île d'Elbe ; alors ce souverain, sur les pressantes sollicitations de M. Galéazini, ayant vu les choses par lui-même, demeura convaincu que le commissaire-général avait été victime d'une fausse accusation, et que sa conduite administrative, loin d'être blâmable, était au contraire digne des plus grands éloges. Dans les cent jours, Napoléon le nomma préfet de Maine-et-Loire ; au second retour du roi, il mit et déploya un grand zèle pour faire reconnaître la puissance royale ; il prit un arrêté portant injonction à tous ses administrés d'arborer incessamment la cocarde blanche, son zèle n'obtint pas le résultat qu'il en attendait ; une ordonnance royale du 12 juillet 1815, lui annonça qu'il était rendu à la vie privée.

GALLOIS (Jean-Antoine Cauvin-), chevalier de la Légion-d'Honneur, membre associé de l'Institut, était au commencement de la révolution l'un des commissaires de l'instruction publique. En 1791, il fut nommé membre de l'assemblée législative ; il fut envoyé avec son collègue Gensonné, dans la Vendée, pour y recueillir des renseignemens sur la nature et la consistance des troubles qui commençaient à s'élever dans ces contrées ; de retour de leur mission, ces deux députés exposèrent dans leur rapport que ces troubles n'avaient pour cause que l'opposition qui existait entre les opinions religieuses des habitans de cette province et la constitution civile du clergé. En 1798, étant au conseil des Cinq-Cents, il fut chargé par le gouvernement de traiter l'échange des prisonniers français en Angleterre ; mais à peine arrivé à Londres, M. Gallois reçut l'ordre du cabinet de St-James de quitter cette capitale sur-le-champ. Il revint à Paris, et, un an après, il entra au tribunat, d'où il sortit pour aller administrer la préfecture du Doubs, à laquelle il avait été appelé le 3 mars 1800; son séjour à Besançon, si toutefois il s'y rendit, fut très-court, il rentra au tribunat dont il fut le président en 1802.

Le tribun Gallois contribua puissamment en 1804, à faire adopter la proposition ayant pour objet de déclarer que le premier consul Bonaparte, serait empereur des Français, et la dignité impériale héréditaire dans sa famille. Après la dissolution du tribunat, M. Gallois passa au corps législatif. En décembre 1813, cet honorable législateur fit partie de la commission chargée de rédiger l'adresse du corps législatif à Napoléon, et de la présenter à Sa Majesté impériale; on sait de quelle manière fut accueillie cette députation : ce monarque traita publiquement les députés de factieux. Lors des évènemens de 1814, M. Gallois vota un des premiers la déchéance de l'empereur, et, dans la séance du 16 août de la même année, il défendit la liberté de la presse.

Il est mort en août 1828, après avoir légué à l'Institut sa bibliothèque, composée de tout ce qui a été publié dans la Grande-Bretagne, sur la constitution anglaise. Il est l'auteur d'un ouvrage très-estimé ayant pour titre : *La Science de la Législation*, traduction de l'italien de Filangieri.

GAMOT, chevalier de la Légion-d'Honneur, beau-frère de l'infortuné maréchal Ney; a été pendant quelques années administrateur des droits-réunis. Le 13 mars 1813, il fut nommé préfet de la Lozère;

après l'abdication de Napoléon, le 10 juin 1814, il passa à la préfecture de l'Yonne. Dans les cent jours, il fut maintenu dans ses fonctions ; mais il fut destitué au second retour du roi.

Lors du procès de son illustre beau-frère, M. Gamot fit tous ses efforts pour le sauver : il ne négligea aucun moyen ; mais toutes ses démarches, ainsi que celles de plusieurs hauts personnages qu'il avait intéressés à sa cause devinrent inutiles : Le Brave des Braves, qui avait survécu à un nombre infini de batailles et de combats, où il avait couru les plus grands dangers, fut condamné à mort par la chambre des pairs, et fusillé, dans les 24 heures, à la grille de l'Observatoire.

Dès lors une maladie de langueur s'empara de M. Gamot, et il succomba sous le poids de ses souffrances en 1820, au moment où il venait de terminer la vie historique de l'illustre victime.

GARNIER (le marquis Germain), grand-officier de la Légion-d'Honneur, naquit à Auxerre (Yonne), le 8 novembre 1754, était secrétaire du cabinet de Madame Adélaïde, tante de Louis XVI, à l'époque de la première révolution, dont il embrassa la cause avec modération ; en 1790, il fut nommé député suppléant à l'assemblée nationale ; en 1791, il devint administrateur de la Seine ; en 1793, il refusa le ministère de la justice.

En 1798, il accepta du directoire le consulat de Wilminsgton, en Amérique.

Le 3 mars 1800, il fut appelé à la préfecture de Seine-et-Oise ; le 6 germinal an XII (27 mars 1804), il entra au sénat conservateur, fut nommé commandant de la Légion - d'Honneur, et puis créé comte de l'empire. Le 3 janvier 1813, il obtint la décoration de grand'croix de l'ordre de la Réunion, et en décembre suivant, il fut envoyé à Bordeaux, en qualité de commissaire extraordinaire de l'empereur. En avril 1814, il adhéra à la déchéance de Napoléon ; le 4 juin suivant, le roi le créa pair de France ; le 23 mars 1815, il quitta Paris, et il n'y revint qu'après le retour des Bourbons ; il fut immédiatement nommé grand - officier de la Légion - d'Honneur et président du collége électoral de Seine-et-Oise ; il devint ensuite ministre d'état et membre du conseil privé du roi. M. le marquis Garnier est mort à Paris, le 4 octobre 1821.

Il s'est distingué à la chambre des pairs, par ses connaissances en matière de finances, et par une rare facilité de discussion. Cet honorable pair avait une des plus heureuses et des plus vastes mémoires qu'on ait jamais rencontrées. Il est auteur de plusieurs ouvrages d'économie politique et d'une traduction estimée ayant pour titre : *Recherches sur la nature et les causes de la richesse des nations.*

GARNIER DE LA BAREYRE (Alexandre-Laurent), commandait la garde nationale de Valence, sous le gouvernement impérial ; lors des évènemens de mars 1815, il se mit à la tête d'un parti pour faire un mouvement en faveur de la cause royale ; mais ses efforts ne purent soutenir le choc impétueux des napoléonistes ; il crut prudent de se mettre à l'abri de toutes recherches , et il sortit de France.

De retour dans ses foyers en juillet suivant, M. Garnier, en récompense de sa conduite et de son dévoûment, obtint la sous-préfecture de Coulommiers ; le 26 février 1817, il fut nommé préfet de la Creuse. Cet excellent royaliste fut cependant destitué sous le ministère Villèle, le 27 janvier 1823.

Nous n'avons pu nous procurer les motifs de cette disgrâce, nous attendons qu'on nous les communique pour en faire part au public, dans une seconde édition que nous nous proposons de faire paraître, aussitôt que la première sera épuisée.

GARY (le baron Alexandre-Gaspard), officier de la Légion-d'Honneur, conseiller honoraire à la cour de cassation, naquit à Toulouse en 1763; il était avocat dans sa ville natale, lorsqu'il fut nommé tribun en 1799; il devint préfet du Tarn, le 23 germinal an XII (13 avril 1804), et il passa à la préfecture de la Gironde, le 24 mars 1809; il administra ce département jusqu'après les évènemens de 1814, et fut remplacé le 11 juin. Sans emploi pendant les cent jours. Le 15 août 1815, il fut nommé procureur-général de la cour royale de Toulouse. Aux assises du Tarn en 1818, ce magistrat déploya un rare talent dans le fameux procès des assassins de M. Fualdès, de Rodez. Vers la fin de 1826, il devint conseiller à la cour de cassation. Il est mort dans le mois de février 1835, dans sa terre de Rubelles, près Melun.

GASPARIN (Adrien de), pair de France, grand-officier de la Légion-d'Honneur, fils de l'ancien conventionnel de ce nom ; il fut l'un des rédacteurs de la *Revue française*, dans les derniers temps du règne de Charles X.

La révolution de 1830 lui ouvrit la carrière administrative; d'abord, le 19 août, il fut nommé préfet de la Loire; il ne prit pas la peine sans doute de se rendre à cette préfecture, car le 23 septembre suivant, il passa à celle de l'Isère.

La préfecture de Lyon étant devenue vacante, par la démission de M. Bouvier-Dumoulard, M. de Gasparin, favori du ministère Périer, y fut appelé le 21 décembre 1831.

Il se maintint dans ce poste important jusqu'au 4 avril 1835, souvent au milieu des circonstances les plus graves; durant le cours de son administration, il fut élevé à la dignité de pair de France.

En quittant Lyon, M. de Gasparin se rendit à Paris, pour y occuper les fonctions de sous-secrétaire d'état au ministère de l'intérieur; quelque temps après, le 6 septembre 1836, le roi lui confia le portefeuille de ce ministère, qu'il conserva jusqu'au 15 avril 1837.

Dans ces hautes et délicates fonctions, l'ex-préfet de Lyon ne manqua ni de zèle, ni de bonne volonté; mais il se trouva souvent, par son défaut complet de talent oratoire, dans une position bien pénible, lorsqu'il s'agissait de soutenir la discussion à la tribune parlementaire.

Cet ex-ministre, dont le dévoûment à la royauté de Juillet est poussé à l'extrême, reçut à sa sortie du ministère, le cordon de grand-officier de la Légion-d'Honneur.

Durant le cours de son administration départementale, M. de Gasparin a tenu la conduite d'un fonctionnaire entièrement dévoué au pouvoir.

Au moment de mettre sous presse, le *Moniteur* du 1er avril 1839, nous apprend que M. de Gasparin vient d'être appelé de nouveau au ministère de l'intérieur.

Mais comme la formation de ce nouveau cabinet n'est qu'un acte transitoire, cette nomination est sans importance.

GASVILLE (le marquis Marie-Jean-Maurice Gouzon de), commandeur de la Légion-d'Honneur, chevalier de Saint-Louis, gendre de l'ex-chancelier d'Ambray, est né en Normandie en 1789; en 1813, il fut nommé sous-préfet de Rouen; le 12 juillet 1815, il obtint la préfecture de l'Eure; il s'y montra le défenseur de ses administrés : les Prussiens qui se trouvaient cantonnés dans l'étendue de ce département, confié à son administration, frappèrent ce pays par des contributions exorbitantes et par des mesures vexatoires; M. de Gasville résista à l'oppression et refusa son concours pour la rentrée des contributions. Alors, lé général en chef Blucher fit arrêter ce magistrat investi de la confiance du gouvernement, et le fit conduire à Aix-la-Chapelle, où il resta détenu pendant plus d'un mois.

Rentré au chef-lieu de sa préfecture (Evreux), dans les premiers jours d'octobre, il y fut reçu aux acclamations générales des habitans de la ville. Le 19 mars 1817, il passa à la préfecture de l'Yonne, qu'il administra jusqu'à la chute de Charles X. Ce magistrat se rendit particulièrement recommandable dans ce pays, par sa charité pour les pauvres.

M. de Gasville était aussi conseiller d'état en service extraordinaire et gentilhomme honoraire de la chambre du roi; il a perdu tous ses emplois depuis la révolution de 1830.

GATTIER, officier de la Légion-d'Honneur, a été membre de la chambre des députés, et sous-préfet sous la restauration ; après la révolution de 1830, le 19 août, il fut nommé préfet de la Manche, d'où il passa à la préfecture de l'Allier, le 21 octobre 1836. Ce fonctionnaire doit être ou infirme, ou avancé en âge, puisqu'il a été admis, le 25 juillet 1837, à faire valoir ses droits à la retraite.

GAUJA, ancien journaliste, chevalier de la Légion-d'Honneur et décoré de la croix de Juillet, signa avec ses confrères de l'opposition, tels que MM. Armand Carrel, Larreguy et autres, la protestation du 26 juillet 1830, contre les ordonnances royales de la veille. En récompense de sa courageuse résistance à cette invasion faite dans nos lois par le pouvoir royal, M. Gauja fut nommé préfet de l'Ariège ; le 14 juillet 1833, il passa à la préfecture des Hautes-Alpes. Par suite d'une troisième mutation, il administre en ce moment le département de Maine-et-Loire, depuis le 11 janvier 1834, en attendant le bon plaisir du ministère.

GAVRE (le comte de), officier de la Légion-d'Honneur, issu d'une des plus illustres maisons de la Belgique, entra fort jeune au service et se trouvait major au régiment de Wurtemberg, en 1789. Il abandonna la carrière des armes en 1790 ; suivit son père à Vienne en 1794, et ne rentra dans sa patrie que huit ans après.

Il fut nommé en 1808, chambellan de l'empereur Napoléon ; le 7 août 1810, il devint préfet de Seine-et-Oise ; mais M. le chambellan ayant fait preuve

d'une presque nullité administrative, fut remplacé,
le 13 janvier 1814, dans sa préfecture, et rentra à
la cour où il se montrait meilleur courtisan qu'administrateur. Depuis la première abdication de l'empereur, il n'a plus été question en France de ce
personnage qui, à la vérité, n'a pas fait grand bruit
dans le monde. En 1819, il était grand-maître des
cérémonies de la cour du roi des Pays-Bas.

GERMAIN (le comte Auguste-Jean), officier de
la Légion-d'Honneur, chevalier de Saint-Louis,
naquit à Paris, le 8 décembre 1786; son père, mort
en 1803, avait été pendant plusieurs années directeur
de la Banque de France; il était lui-même à la tête
d'une forte maison de banque, lorsque Napoléon
l'appela aux fonctions de chambellan; plus tard à
celles d'officier d'ordonnance.

M. Germain dans ce nouveau et périlleux poste,
déploya la bravoure qui caractérise le Français, et
une activité étonnante; il se distingua particulièrement en 1809, au déblocus de Kufstein (Tyrol), où
il s'était renfermé. En 1813, il fut nommé ministre
plénipotentiaire à Vurtzbourg. Rentré à Paris, il
reprit son service de chambellan, et, le 6 janvier 1814, l'empereur lui donna encore une nouvelle
marque de confiance, en le nommant adjudant-
commandant de la garde nationale de la capitale.
Le 31 mars suivant, M. le comte Germain n'attendit
pas l'issue des évènemens qui, quelques jours plus
tard, firent crouler le plus beau trône de l'Europe;
il oublia ses sermens, tous les bienfaits dont il avait
été comblé par ce souverain qui, naguère fesait trembler tous les potentats, fut l'un des premiers, pour

ainsi dire, à se prononcer en faveur d'une dynastie à laquelle ce jour là on était bien loin de penser.

Ce dévoûment anticipé ne fut pas sans récompense : l'ex-chambellan impérial reçut, en un seul jour, la décoration de chevalier de Saint-Louis, celle d'officier de la Légion-d'Honneur, et sa nomination à la préfecture de Saône-et-Loire. Au retour de Napoléon, en mars 1815, il abandonna les rênes de son administration, par suite d'un mouvement populaire qui éclata à Mâcon, et se retira précipitamment avec la plupart des principales autorités de cette ville, à Châlons.

Le 12 juillet 1815, il fut appelé à la préfecture de Seine-et-Marne ; dans ce nouveau poste, il gagna une bataille électorale : M. de Lafayette, candidat de l'opposition dans ce département, repoussé par le ministère, ne fut pas nommé, grâce aux grands efforts de M. le préfet, qui, plus tard, en fut récompensé par la pairie, à laquelle il fut appelé le 5 mars 1819, et le 30 juin 1820, sa seigneurie donna sa démission de préfet.

Il mourut à Paris, le 26 avril 1821, des suites d'une rougeole rentrée.

GERMEAU, chevalier de la Légion-d'Honneur, a été, sous le regne de la branche aînée des Bourbons, chef de division du secrétariat-général au ministère de la Justice ; il perdit sa place en 1822. Il fut nommé sous-préfet de Douai, après la révolution de 1830, et préfet de la Haute-Vienne, le 2 juillet 1835. Il est généralement estimé dans ce département. Il a été transféré à la préfecture de l'Oise, le 20 octobre 1838.

GERMINY (le comte Henri-Charles Le Bègue de) officier de la Légion - d'Honneur, pair de France, est né à Motteville (Seine - Inférieure), le 26 juillet 1778; il fit partie de la chambre des députés, en 1815 et 1816; durant cette dernière session, le 14 septembre, il obtint la préfecture du Lot, où il ne se rendit point; en avril 1817, il fut appelé à celle de l'Oise.

M. le comte de Germiny se montra comme député et comme préfet, franchement dévoué au trône constitutionnel, c'est - à - dire au roi et à la charte; aussi, le 5 mars 1819, il fut appelé à la chambre des pairs par le ministère Decazes, pour y renforcer les défenseurs de nos institutions.

GERMINY (le vicomte de), fils du précédent, était maître des requêtes en service extraordinaire, lorsqu'il a été, sans aucun antécédent administratif, appelé inopinément aux fonctions de préfet de Seine-et-Marne, par ordonnance royale du 10 novembre 1838.

GIRARDIN (le comte Stanislas-Cecile-Xavier de), commandeur de la Légion-d'Honneur, naquit à Lunéville (Meurthe), le 14 janvier 1768. Il était fils de M. de Girardin, maréchal-de-camp, originaire de la famille noble des Gherardini, de Florence. Il fut l'élève et l'ami de J.-J. Rousseau.

M. de Girardin embrassa avec chaleur les principes de la révolution de 1789; il faisait partie de l'administration de l'Oise, lorsque ce département le nomma à l'assemblée législative. Ce jeune legislateur prit place dans cette assemblée parmi les amis

d'une sage liberté; il parla plusieurs fois et avec talent sur des questions importantes. Il s'opposa vivement à ce que la garde constitutionnelle du roi
fut licenciée. Enfermé pendant le règne de la terreur, il recouvra sa liberté au 9 thermidor.

Nommé de nouveau l'un des administrateurs du
département de l'Oise, il fut bientôt destitué pour
cause de royalisme, et ne reparut sur la scène politique que vers la fin de 1799, époque à laquelle il
fut nommé tribun. Il passa ensuite au corps législatif, et, quelque temps après, il devint premier
écuyer du roi Joseph, frère de Napoléon; il suivit
ce monarque d'abord à Naples, puis à Madrid. De
retour à Paris, il entra de nouveau au corps législatif, et, le 20 mars 1812, il fut appelé à l'importante préfecture de la Seine-Inférieure; dans les
cent jours, Napoléon lui donna la préfecture de
Seine-et-Oise. Au second retour du roi, il revint à
Rouen, par l'influence de M. de Jaucourt; mais il
fut remplacé par M. Kergariou, un mois après. Le
24 février 1819, sous le ministère Decazes, il fut
nommé préfet de la Côte-d'Or; ce ministère tomba,
M. Girardin fut de nouveau destitué, le 19 avril 1820.

Depuis cette époque jusqu'à sa mort, arrivée le
26 février 1827, il a été membre de la chambre des
députés, où il faisait partie de l'opposition libérale.
Dans la session de 1823, il fut l'un des opposans
les plus énergiques à l'exclusion de son collègue et
ami Manuel. A peine de M. de Labourdonnaye avait
il formulé sa proposition que M, de Girardin s'écria:
« Où la chambre a-t-elle puisé le droit de prendre
» en considération une proposition qu'on n'avait
» pas le droit de lui faire, une proposition qui est

» l'ouvrage d'une faction ? Avez-vous oublié que la
» Charte vous met au-dessus des passions, et irez-
» vous suivre la route tracée par une commission
» insurrectionnelle ? Si vous ne voulez abuser d'un
» droit d'usurpation, vous devez passer à l'ordre du
» jour. (*)

Les départemens de la Seine-Inférieure, de Seine-
et-Oise et de la Côte-d'Or conservent encore le
souvenir de l'administration toute paternelle de
M. de Girardin.

GIRAUD DE NANTES, ancien membre de l'assemblée constituante et du conseil des Anciens,
préfet du Morbihan, du 3 mars 1800 au 21 juillet 1801, époque où il fut nommé commissaire du
gouvernement au conseil des prises. Il est mort depuis long-temps.

GIRESSE DE LABEYRIE, chevalier de la Légion-d'Honneur, était secrétaire des commandemens
du duc d'Angoulême et maître des requêtes au conseil
d'état, lorsque, le 27 juin 1823, il devint préfet
d'Eure-et-Loir, où il serait sans doute encore si la
branche aînée des Bourbons avait su conserver le
pouvoir.

GOUBAULT, nommé préfet des Landes, le
10 août 1830; il passa à celle du Var, le 14 mai 1831.
Il mourut à Draguignan, dans le courant du mois de
mai 1832, victime d'un déplorable accident : M. le
préfet retournant au chef-lieu de sa préfecture d'où il

____

(*) *Moniteur,* année 1823.

était parti pour faire une tournée départementale ;
le cheval de sa calèche prit le mors aux dents, il
voulut pour se soustraire au danger qui le menaçait,
sauter par la portière ; mais il eut le malheur de
tomber sous les roues qui lui passèrent sur les jam-
bes. Il fut relevé dans un état désespéré ; après avoir
supporté l'amputation de la jambe gauche dont les
os avaient été broyés, il expira. Ce fonctionnaire a
été vivement regretté par la population entière de ce
département. M. Goubault avait été secrétaire particulier de M. de Montalivet, ministre de l'intérieur
sous Napoléon.

GOYON DE MATIGNON (le comte Michel-
Augustin), commandeur de la Légion-d'Honneur,
issu d'une de ces familles de la vieille roche de la
Bretagne, est né à Nantes, le 22 décembre 1764 ; il
embrassa fort jeune la carrière des armes, et devint
en peu de temps officier-major aux gardes françaises ;
il entra ensuite dans la garde constitutionnelle de
Louis XVI.

Une biographie rapporte que ce dévoué royaliste
affronta la mort aux Tuileries, dans les journées des
20 juin et 10 août 1792. La royauté n'étant alors
qu'un vain nom en France, M. de Goyon fut se
ranger sous les drapeaux des princes.

Rentré de l'émigration sous le consulat, il vécut
quelque temps éloigné des affaires publiques. Cependant Napoléon devenu empereur, l'appela d'a-
bord, le 27 septembre 1804, aux fonctions d'auditeur au conseil d'état, près la section de la guerre ;
peu de temps après il le nomma chevalier de la Légion-d'Honneur. Le 31 janvier 1806, il devint sous-

préfet de Montaigu (Vendée) ; puis préfet de l'Aveyron, le 24 juin 1808 ; presque en même temps, il
fut nommé officier de la Légion-d'Honneur, et baron de l'empire. Le 30 novembre 1810 , il fût remplacé dans sa préfecture, par M. Girod de Viennay,
et appelé à celle de l'ancien département de la Mé-
diterranée (Livourne) , avec le titre de comte.

Revenu en France, par suite des évènemens qui
rétablirent sur le trône la famille des Bourbons ,
M. le comte de Goyon obtint le 10 juin 1814 , la
préfecture des Côtes-du-Nord ; au retour de Napoléon de l'île-d'Elbe , il fut remplacé par M. de Wisme
et renvoyé sans fonctions. A la seconde restauration, le 14 juillet 1815 , il fut appelé à succéder à
M. Gamot , préfet de l'Yonne ; le 19 mars 1817 , il
passa à la préfecture de l'Eure , et, enfin le 3 juillet 1820 , à celle de Seine - et - Marne , d'où il fut
éloigné par le gouvernement de Louis-Philippe.

Ainsi s'est terminée la vie politique de ce fonctionnaire , qui a obtenu une pension de retraite.
M. de Goyon a fait preuve dans les nombreux départemens qu'il a occupés d'une grande capacité
administrative et financière.

GRAHAM, ancien administrateur de département,
fut nommé préfet d'Indre-et-Loire, le 3 mars 1800 ;
le 30 novembre suivant, il fut remplacé par M. Pom-
mereuil , et appelé à la conservation des eaux - et-
forêts à Caën (Calvados) , le 4 ventôse an IX (22 février 1801).

Voilà tout ce que nous savons sur cet ex - préfet ,
qui n'a fait que paraître un instant sur l'horizon préfectoral.

GUER (le marquis Marnière de), officier de la Légion-d'Honneur, apparut tout à coup sur la scène politique en 1814; le 11 juin il fut nommé préfet de la Mayenne; le retour de Napoléon, en mars 1815, vint contrarier cet administrateur de fraîche date; il se vit contraint de déguerpir et de céder sa préfecture au magistrat nommé par l'empereur; mais une ordonnance royale du 8 octobre 1815, le nomma préfet de Lot-et-Garonne. Le 18 avril 1816, il fut appelé à la préfecture du Morbihan, et le 12 août 1818, il fut destitué et eut pour successeur M. le comte de Chazelles.

Le ministère Villèle rétablit dans ses fonctions M. le marquis de Guer : le 2 janvier 1823, il l'envoya à Angoulême, pour administrer le département de la Charente; il se trouvait fort bien dans ce pays. Sous le ministère Martignac, le 3 mars 1828, il fut remplacé par M. d'Auberjon, marquis comme lui, mais un peu moins ultra.

GUIBEGUA, ancien sous-préfet de Calvy, fut nommé par l'empereur préfet de la Corse, en mars 1814; il fut remplacé dans ses fonctions après la déchéance de ce monarque. Pendant les cent jours, il reprit les rênes de son administration, et fut remplacé de nouveau le 14 juillet 1815. Il est mort dans le courant de l'année 1837.

GUILLEMARDET (Ferdinand-Marie-Dorothée), naquit à Autun, en 1759 : il exerçait dans cette ville la profession de médecin, lorsque la révolution de 1789 éclata; il en adopta les principes, mais avec une sage modération. Il devint membre de l'administration départementale de Saône-et-Loire; en septembre 1792, ce département le nomma député à la Convention nationale; il vota la mort de Louis XVI, sans appel et sans sursis.

Après le 9 thermidor, il se prononça fortement contre les terroristes et fut envoyé dans les départemens de Seine-et-Marne, de l'Yonne et de la Nièvre, pour les comprimer. Ce député s'acquitta fort bien de l'objet de sa mission.

Il entra ensuite au conseil des Cinq-Cents, il s'y montra un des plus zélés partisans du directoire. En 1798, il obtint l'ambassade d'Espagne, où il resta jusqu'après les évènemens du 18 brumaire. Le 6 brumaire an IX (27 octobre 1800), il fut nommé préfet de de la Charente-Inférieure; le 12 juillet 1806, il passa à la préfecture de l'Allier.

Il mourut à Moulins, dans l'exercice de ses fonctions, en septembre 1807.

GUINNEBAUD, négociant à Nantes, avant la révolution; élu député à l'assemblée constituante, il ne s'y fit pas remarquer.

Cet ex-constituant demeura étranger aux affaires politiques durant les plus grands orages révolutionnaires. Sous le gouvernement directorial, il accepta les fonctions d'administrateur central du département de la Seine.

Le 3 mars 1800, il fut nommé préfet des Basses-Pyrénées; le 11 brumaire an X (2 novembre 1801), il fut envoyé à Oporto (Portugal), en qualité de commissaire des relations commerciales. Il était encore dans cette ville en 1814, avec le titre de consul de France.

GUIRAUDET (Charles-Philippe-Toussaint), naquit à Alais (Gard), en 1754; au commencement de
la révolution, il fut membre de l'assemblée nationale,
connue sous le nom de Constituante, et ensuite suc-
sessivement secrétaire général de la commune de
Paris, et secrétaire général des relations extérieures.

Le 3 mars 1800, il fut nommé préfet de la Côte-
d'Or; il mourut à Dijon, dans l'exercice de ses fonctions le 5 février 1804; sa veuve obtint une pension
de 600 fr.

M. Guiraudet est le véritable traducteur de l'Histoire de la Révolution d'Angleterre, dont Mirabeau
n'avait produit que le commencement. Il a publié
plusieurs autres ouvrages, discours, mémoires,
contes en vers, etc. — Il a donné une bonne traduction française des ouvrages de Machiavel écrits en
italien.

GUITARD (Antoine-Joseph), chevalier de la
Légion-d'Honneur, avocat, membre du conseil général du Cantal, est né à Aurillac le 20 octobre 1762.
Il salua avec joie l'aurore de notre première révolution; mais, plus tard, il en condamna les excès.
En 1791, il a fait partie de l'assemblée législative;
sous le directoire, il fut membre du conseil des
Cinq-Cents, et substitut du procureur impérial dans
sa ville natale sous le règne de Napoléon.

A la Restauration de 1814, M. Guitard resta
complétement étranger aux affaires politiques; dans
les cent jours, il fut envoyé par ses compatriotes à
la chambre des représentans.

Après les malheureux désastres de la campagne
de 1815, il rentra dans ses foyers domestiques, où

il exerça sa noble et indépendante profession jusqu'en 1819, époque à laquelle il fut nommé député.

Durant le cours de son mandat législatif, M. Guitard a constamment fait partie de l'opposition libérale, et a prononcé à la tribune nationale des discours remarquables autant par leur énergie que par leur éloquence. (*)

Depuis plusieurs années avant la chute de la dynastie de la branche aînée des Bourbons, il ne siégeait plus à la chambre des députés; l'esprit de parti et le système de déception adopté par le gouvernement l'en avaient écarté.

Immédiatement après la révolution de 1830, les patriotes du Cantal firent des démarches actives et pressantes pour obtenir la nomination de M. Guitard à la préfecture de ce département, vacante par la non acceptation de M. Armand Carrel.

Le gouvernement de Juillet accueillit favorablement cette demande; et, par ordonnance royale du 2 septembre 1830, M. Guitard fut appelé à ce poste.

Le 21 janvier 1833, M. Delamarre, sous-préfet de Clamecy, lui succéda, et, à cette époque, il fut nommé membre du conseil général.

On assure que sa révocation a été provoquée par les mêmes personnes qui, en 1830, l'avaient mis sur le pinacle.

GUIZARD (Louis de), chevalier de la Légion-d'Honneur, décoré de Juillet, est né au château de la Guizardie (Aveyron), le 17 août 1797; il n'a occupé aucune fonction publique sous la restauration.

(*) *Moniteur*, séances de la chambre des députés des 8 avril, 19 mai 1820 et 12 mars 1822.

Le 12 août 1830, il devint préfet du département auquel il appartient et par sa naissance et par son domicile politique.

Le 25 avril 1834, il fut remplacé dans sa préfecture et nommé directeur des bâtimens et monumens publics de la capitale.

Elu député par le collége d'Espalion, le 22 juin de la même année, cette nomination fut annulée par la chambre, sur le motif qu'il n'y avait pas six mois d'intervalle entre les fonctions de préfet qu'il venait de quitter à Rodez, et celles de député.

En 1835, M. de Guizard fut réélu par le même collége électoral, et en 1837, le 17 mai, il perdit sa place de directeur, parce que ce député, sans cependant se déclarer ouvertement contre le ministère, a dans plusieurs circonstances, voté avec l'opposition.

Son mandat législatif lui a été continué aux élections générales de 1837, et à celles de 1839; les électeurs, dans cette dernière circonstance, ont rendu un éclatant témoignage à sa conduite parlementaire, pendant le commencement de la session de 1839.

M. de Guizard est du nombre de ceux qui par leur vote à cette dernière époque, ont condamné le système politique du ministère Molé.

HAREL (Charles-Jean), officier de la Légion-d'Honneur, né à Rouen, le 3 novembre 1790, fut nommé auditeur au conseil d'état, en août 1810, et devint successivement membre du contentieux des douanes, et inspecteur général du conseil des subsistances. Vers le commencement de 1814, il fut appelé à la sous-préfecture de Soissons, avec des pouvoirs les plus étendus.

Il déploya une grande énergie et un courage digne d'éloges pendant le siége de cette ville, et opposa aux troupes de la coalition européenne une héroïque résistance. Les évènemens le forcèrent d'abandonner son poste ; il se retira à Paris, où il concourut à la rédaction de plusieurs journaux. En mars 1815, le trône impérial s'étant relevé, Napoléon se rappela de la conduite de M. Harel à Soissons, et, par décret du 25 du même mois, il le nomma préfet des Landes ; peu de temps après, il fut décoré de l'étoile de la Légion-d'Honneur.

Il se distingua dans ce nouveau poste par une grande activité administrative et par un grand dévoûment à l'empereur. A la seconde rentrée des Bourbons, en juillet 1815, M. Harel fut arrêté et conduit dans les prisons d'Auch; il n'en sortit que pour aller chercher un asile sur une terre étrangère, se trouvant forcé de s'expatrier en vertu de l'ordonnance du 24 de ce mois.

Rentré en France vers la fin de 1819, il revint à Paris, où il a été successivement directeur des théâtres de l'Odéon et de la Porte-Saint-Martin, et chef de bataillon dans la 11e légion de la garde nationale. Il est officier de la Légion-d'Honneur, depuis la révolution de 1830.

HARMAND (le baron Jean-Baptiste), chevalier de la Légion-d'Honneur, naquit en 1750, à Bar-sur-Ornain, département de la Meuse ; en 1792, ce département le nomma député à la Convention nationale, où dans la séance du 16 janvier 1793, il vota le bannissement immédiat de Louis XVI, et se prononça contre l'appel au peuple et le sursis. En septembre 1795, lorsqu'il fut question de réunir la Belgique à la France, il s'opposa fortement à cette réunion, la considérant désavantageuse à la France et impolitique.

Après la session de cette assemblée, il entra au conseil des Anciens ; il en remplissait les fonctions de secrétaire au 18 fructidor. En 1798, il fut élu membre du conseil des Cinq-Cents, où il parla une seule fois en faveur de la précieuse liberté de la presse ; il fut du nombre des membres de ce conseil qui favorisèrent la fameuse journée du 18 brumaire. Le 3 mars 1800, M. Harmand obtint la préfecture du Haut-Rhin ; le 11 brumaire an X (2 novembre 1801), il fut nommé commissaire des relations commerciales à Dantzick. En 1804, il reçut la décoration de la Légion-d'Honneur. Il est mort en 1815.

HARMAND (le baron Nicolas), chevalier de la Légion-d'Honneur, ancien jurisconsulte, est né à Triocourt, en 1746 ; il fut successivement membre de l'assemblée constituante, et fournisseur général des vivres, près les armées, sous la Convention nationale et sous le directoire.

Le 3 mars 1800, il fut appelé à la préfecture de la Mayenne ; son administration y fut des plus honorables. Il a été admis à la retraite dans le mois d'octobre 1813.

HARMAND D'ABANCOURT (le vicomte Anne-Etienne-Louis), pair de France, président à la cour des comptes, commandeur de la Légion-d'Honneur,

fils du précédent, est né à Châlons (Marne), le
23 août 1774. Il débuta dans la carrière administrative, par une place d'auditeur au conseil d'état;
en 1809, il fut nommé sous-préfet de Savenay
(Loire-Inférieure); le 13 janvier 1814, il fut appelé
par l'empereur, à la préfecture des Hautes-Alpes;
en février 1815, le roi le décora de la Légion-
d'Honneur.

Lors du débarquement de Napoléon, il fit publier
une proclamation énergique pour engager tous ses
administrés à prendre les armes afin de s'opposer à
la rentrée de ce monarque. L'empereur, dès son
arrivée à Grenoble, instruit de la conduite de
M. Harmand, rendit un décret qui lui enjoignait,
non seulement d'abandonner les rênes de son administration, mais encore de quitter la 17e division
militaire, sous peine d'être passé par les armes.

Ce préfet, ainsi chassé de ses fonctions, s'empressa
d'écrire à S. A. R. le duc d'Angoulême, qui se trouvait alors à la tête des royalistes du Midi, pour le
supplier de vouloir bien utiliser ses services ailleurs;
le prince l'appela auprès de sa personne, où il resta
jusqu'à la capitulation du Pont-Saint-Esprit. M. Harmand se retira, non sans peine, dans ses foyers et
s'y tint caché jusqu'après la seconde rentrée des
Bourbons.

Le 14 juillet 1815, il obtint, en récompense de
de son dévoûment à la cause royale, la préfecture
du Puy-de-Dôme et le grade d'officier de la Légion-
d'Honneur. Le 5 avril 1817, il passa à la préfecture
de la Corrèze; le 10 février 1819. M. Harmand ne
fut pas disgrâcié, comme le prétend certaine Biographie, publiée en 1826; mais il fut transféré à une

préfecture moins importante que la précédente, celle des Ardennes.

Le 27 juin 1823, sous le ministère Villèle, il obtint la faveur de sortir de Mezières, dont le séjour lui était devenu insupportable, pour se rendre à la préfecture du département de l'Allier.

Le 1er septembre 1824, il fut nommé maître des requêtes au conseil d'état, et ensuite secrétaire général du conseil supérieur du bureau du commerce et des colonies. En mai 1825, il entra dans la commission de liquidation de l'indemnité des émigrés, en qualité de secrétaire général; le 7 août de la même année, il obtint les fonctions inamovibles de conseiller à la cour des comptes; enfin, le 4 février 1829, sous le ministère Polignac, il en devint l'un des présidens.

Membre de la chambre des députés depuis 1824, jusqu'en 1831, M. le vicomte a siégé constamment au centre droit, où il était l'un des plus rudes et intrépides interrupteurs; c'est lui, d'après ce que nous avons lu dans le compte-rendu de la section législative de 1831, qui est parvenu à perfectionner les oh! oh! les ah! ah! et les cris à l'ordre! la clôture!

Dans la session de 1830, il vota contre l'adresse. Il a été nommé commandeur de la Légion-d'Honneur, le 29 avril 1836, et créé pair de France, le 3 octobre 1837.

HAUSSEZ (le baron Lemercier d'), officier de la Légion-d'Honneur, est né à Neufchâtel (Seine-Inférieure), en 1778, d'une famille ancienne dans la magistrature.

En 1799, accusé d'avoir coopéré à la formation d'une armée royale dans son département, il fut obligé de se cacher pour se soustraire aux recherches de la police ; en 1804 , il fut arrêté et emprisonné comme complice de Georges Cadoudal; étant parvenu à se justifier , il fut élargi et placé sous la surveillance de la haute police.

Cependant, peu de temps après, ce zélé royaliste abandonna ses principes politiques et se dévoua corps et biens au gouvernement impérial dont il accepta les fonctions de maire de sa ville natale et le titre de baron de l'empire. Le trône impérial croula, M. le maire de Neufchâtel revint royaliste plus que jamais, il fut un des premiers fonctionnaires à proclamer les Bourbons et à faire arborer le drapeau blanc.

Aussitôt que la nouvelle du débarquement de Napoléon sur les côtes de France , fut connue officiellement, M. d'Haussez se rendit à Paris, sollicita une audience du roi et offrit à ce monarque son bras et sa fortune pour repousser Napoléon. Il se tint à l'écart pendant les cent jours ; mais dès aussitôt que le roi fut rentré dans sa capitale, M. le maire de Neufchâtel reprit ses fonctions.

Élu député par le collége électoral de son département, qu'il présida en août 1815 , il se distingua à la chambre par ses principes monarchiques, et vota en conséquence. Un si grand dévoûment ne pouvait rester long-temps sans récompense ; aussi, le 28 mai 1817 , il devint préfet des Landes, et, le 3 février 1819, il obtint, à titre d'avancement, la préfecture du Gard. Il ne fut ni plus heureux, ni plus fort que son prédécesseur, M. d'Arbaud-Jouques ; et après une administration des plus laborieuses et des plus difficiles, d'environ un an, il se vit contraint de demander au gouvernement une autre destination. Sa demande fut accueillie; le 3o janvier 1820, il passa à la préfecture de l'Isère, où il demeura quatre ans.

M. de Breteuil, pair de France, préfet de la Gironde, ayant donné sa démission, vers la fin de 1823, M. d'Haussez, favori du pouvoir, fut appelé à le remplacer, le 7 avril 1824. Après la formation du ministère du 8 août 1829, le portefeuille de la marine lui fut offert; il l'accepta et contre-signa les ordonnances du 25 Juillet 1830. A la chute de Charles X, cet ex-ministre prit la fuite, se refugia en Angleterre, et fut condamné par contumace à la détention perpétuelle.

M. d'Haussez habite depuis peu de temps la ville de Genève, où il s'occupe d'agronomie et de littérature. Il a publié en 1833, un ouvrage sur la Grande-Bretagne, qui a obtenu un grand succès, et, en 1835, un autre ouvrage sous le titre de *Voyage d'un Exilé*, 2 volumes in-8°, contenant ses observations sur les mœurs et coutumes politiques de la Hollande, du Tyrol et de l'Italie.

HEIM (Alexandre), chevalier de la Légion-d'Honneur, a été successivement, depuis la chute du directoire, secrétaire général de l'administration de la 27e division militaire, sous-préfet dans l'ancien département des Apennins, et secrétaire général du gouvernement général au delà des Alpes. Le 6 avril 1815, il fut nommé préfet du Vaucluse; l'exaspération des esprits dans ce département, lui rendit son administration, non seulement pénible, mais quelquefois périlleuse. Il n'a occupé aucun emploi public durant tout le cours du règne des Bourbons. Après la révolution de 1830, il obtint la préfecture des Deux-Sèvres, et, le 14 juillet 1833, il passa à celle du Jura, où il mourut en 1836.

HELY D'OISSEL (le baron), officier de la Légion-d'Honneur, naquit à Paris, en 1770 ; il fut nommé vers la fin du gouvernement consulaire secrétaire général de la Seine et auditeur au conseil d'état. Le 11 février 1809, il devint préfet de Maine-et-Loire ; ce département conserve encore le souvenir de cet excellent administrateur.

Le 11 juin 1814, il termina sa carrière comme préfet ; le roi l'appela au conseil d'état en qualité de maître des requêtes en service ordinaire, et le nomma ensuite conseiller d'état ; il lui donna de plus la direction des travaux de Paris. Il a été long-temps membre de la chambre des députés, il siégeait au centre gauche ; dans la session de 1830, il vota pour l'adresse.

Après la chute de Charles **X**, il a été maintenu par Louis-Philippe dans ses fonctions de conseiller d'état, et, le 4 avril 1831, il a été nommé président du conseil des bâtimens civils, attaché au ministère du commerce. Il était aussi membre de la chambre des députés ; il a toujours voté ministériellement.

Il est mort au commencement de 1833, à la suite d'une attaque de goutte.

HELVOET (N.), était conseiller de préfecture de l'ancien département de la Lys, lorsqu'il fut chargé de la direction des achats et ventes de tabacs, avec le titre de maître des requêtes en service extraordinaire. Le 1er mars 1812, il devint préfet de la Loire ; le 8 juin 1814, il fut remplacé par M. le comte Rambuteau.

M. Helvoet se retira en Belgique, sa mère-patrie, et entra dans le conseil privé du prince souverain des Provinces-Unies.

HENRY, officier de la Légion-d'Honneur, ancien officier d'artillerie, a été nommé le 6 septembre 1830, préfet de la Drôme ; le 12 juillet 1835, le gouvernement l'appela de cette préfecture à celle des Ardennes. Là, il se trouvait dans sa sphère : ce département renferme citadelles et fabriques d'armes ; néanmoins la préfecture d'Ille-et-Vilaine, refusée par M. Dunoyer, lui fut offerte ; il l'accepta. Le 22 août 1837, l'ordonnance royale d'investiture fut signée; M. Henry partit quelques jours après de Mezières, pour aller prendre possession de son nouveau poste, bien plus important, sous tous les rapports, que celui qu'il occupait.

HERBOUVILLE (le marquis Charles-Joseph-Fortuné), commandeur de la Légion-d'Honneur, naquit à Paris, le 14 avril 1756; il entra de bonne heure au service militaire, où son père et deux de ses oncles avaient perdu la vie. Il débuta dans cette carrière comme surnuméraire dans les gendarmes de la garde et après avoir passé par tous les grades, il parvint à celui de maréchal-de-camp, vers le commencement de 1789.

Cet officier-général profita de la paix dont jouissait alors la France pour se vouer aux études administratives. Les assemblées provinciales s'étant formées

il en fut nommé membre ; il devint procureur-général-syndic de l'ordre du clergé et de la noblesse ;
ensuite, à la nouvelle organisation des administrations départementales, il fut nommé président de
celle de la Seine-Inférieure, où, par sa conduite
ferme et sage, il maintint la tranquillité publique.
Après la journée du 10 août 1792, il donna sa démission et se consacra à une retraite absolue ; les
soins de l'agriculture occupèrent seuls ses momens.

Il reparut sur la scène politique, sous le consulat :
le 3 mars 1800, il fut nommé préfet des Deux-Nethes
(Anvers) ; là, cet administrateur se montra comme
dans la Seine - Inférieure, sage et éclairé ; il y créa
plusieurs établissemens utiles et un grand nombre
d'ateliers de charité pour la classe indigente. Les
souvenirs d'estime et de reconnaissance que lui mérita son administration, subsistent toujours dans ce
pays.

Le 6 thermidor an XIII (25 juillet 1805), il fut
appelé à la préfecture du Rhône ; le commerce de
Lyon auquel il portait le plus grand intérêt, en conserve encore la mémoire. Des motifs particuliers,
mais étrangers à son administration, le décidèrent
à donner sa démission dans le mois d'août 1810. Il
se retira de nouveau dans ses terres, où il vécut
tranquille jusques vers la fin de mars 1814 ; à cette
époque il se prononça contre le gouvernement impérial qui déjà touchait à sa fin, et se mit à la tête
d'un parti royaliste.

Louis XVIII donna à M. d'Herbouville le titre de
lieutenant-général en non activité. Dans les cent jours,
il se tint à l'écart, et le 17 août 1815, il fut créé pair
de France ; en octobre suivant, il obtint la direction

générale des postes , qu'il conserva pendant environ un an. Le titre de marquis lui a été conféré en 1817. Il est mort à Paris , le 31 mars 1829. M. d'Herbouville avait fourni plusieurs articles au *Conservateur.*

HERMAN , a été successivement sous-préfet de Perpignan , de Boulogne et de Brest. Le 9 janvier 1822 , il obtint la préfecture des Landes ; le 8 janvier 1823 , il fut appelé à celle de l'Aisne ; le 3 juin suivant , il passa à celle de l'Indre où il ne fit que paraître ayant été transféré à la préfecture des Ardennes le 11 août , même année. Là , M. Herman , qui , depuis quatorze mois , n'avait cessé de voyager administrativement , fit halte ; il y resta cinq ans. Le 12 novembre 1828 , il fut encore appelé à voyager pour se rendre à sa nouvelle préfecture (Nîmes). La révolution de 1830 , vint enfin mettre un terme à ses courses administratives , en le releguant définitivement à la vie privée. M. Herman avait débuté dans la carrière administrative , après les évènemens de 1814.

HILAIRE (le baron) , chevalier de la Légion-d'Honneur, ex-commissaire central à Grenoble ; le 9 germinal an **VIII** (30 mars 1800) , il fut nommé sous-préfet de Vienne (Isère) ; le 5 ventôse an **XII** (25 février 1804) , il obtint la préfecture de la Haute-Saône. Il fut destitué et remplacé par M. de Flavigny, le 3 janvier 1814 ; depuis cette époque, il n'a plus reparu sur la scène politique.

HIMBERT DE FERGNY (le baron Louis-Alexandre) , chevalier de la Légion-d'Honneur , naquit

le 12 décembre 1750 ; il était conservateur des eaux
et forêts au commencement de la révolution de 1789 ;
il fut ensuite nommé maire de la Ferté-sous-Jouarre,
son pays natal ; en 1791, il fut élu député à l'assemblée législative, par le département de Seine-et-
Marne ; puis à la Convention nationale, où il vota la
réclusion de Louis XVI, pendant la guerre, et le
bannissement à la paix ; il se prononça pour l'appel
au peuple. Retenu dans sa chambre pour cause de
maladie, il n'eut pas à se prononcer sur la question du
sursis. En 1795, il passa au conseil des Cinq-Cents,
et en sortit en 1798 ; plus tard, il entra au tribunat.

Le 6 brumaire an XII (29 octobre 1803), il devint
préfet des Vosges ; il administra ce département jusqu'après la chute de l'empire. M. Himbert se signala
à Épinal, par la plus courageuse résistance qu'il
opposa aux Cosaques, relativement aux énormes ré-
quisitions imposées aux habitans de cette ville. Cette
conduite, toute dans l'intérêt de ses administrés,
lui attira des mauvais traitemens de la part des Bar-
bares du Nord ; il fut arrêté et conduit à Bâle, d'où
il fut transféré à Ulm. Il ne recouvra sa liberté qu'a-
près la signature du traité de paix.

Rentré en France, il ne fut pas employé par le
gouvernement royal, qui avait déjà disposé de sa
préfecture en faveur de M. le comte de Montlivault ;
pendant les cent jours, il fut appelé à la préfecture
de Tarn-et-Garonne, mais il n'accepta point, étant
à cette époque dans un état de maladie assez grave.
On lit dans une Biographie que M. Himbert, rendu
aux douceurs de la vie privée, chercha de vrais
délassemens dans la littérature. Il est mort le 11 juin
de l'année 1825.

HOUDETOT (le baron Frédéric-Christophe d'),
offficier de la Légion-d'Honneur, pair de France,
petit-fils de la comtesse d'Houdetot, dont Jean-
Jacques Rousseau parle avec un si grand transport
dans ses Confessions; il est né à Paris, le 6 mai 1778.

Il fut nommé, en 1806, auditeur au conseil d'état,
et, attaché, en cette qualité, à l'intendance générale
de la grande armée; en 1807, il devint intendant
civil de la capitale du royaume de Prusse (Berlin),
alors occupée par les armées françaises. Rentré en
France, en 1808, il obtint la sous-préfecture de
Château-Salins (Meurthe), et le 18 septembre 1808,
la préfecture de l'ancien département de l'Escaut
(Gand). Napoléon, satisfait de la bonne administration de M. d'Houdetot, lui conféra le titre de baron
de l'empire, et le nomma officier de la Légion-
d'Honneur, en 1810; un an après, il fut appelé à
remplacer M. Latour-Dupin, préfet à Bruxelles.

De retour à Paris, après l'abdication de l'empereur,
en 1814, le gouvernement du roi le laissa sans fonctions, et il refusa la préfecture du Loiret, à laquelle
il avait été nommé par le gouvernement des cent jours,
le 22 mars 1815; les ministres du roi, à son retour,
récompensèrent ce refus, en l'appelant, le 12 juillet 1815, à la préfecture du Calvados. Cet administrateur s'opposa vivement aux exactions des Prussiens, alors cantonnés dans ce département; cette
honorable conduite fut sur le point de lui devenir
funeste; mais, grâce à l'intervention du gouvernement, il fut délivré des persécutions que les Prussiens
commençaient déjà à lui préparer.

Dégoûté de la vie administrative, M. d'Houdetot
donna sa démission vers la fin de la même année, et.

après avoir cédé sa place à **M.** de Berthier, son successeur, il revint à Paris, pour se délasser dans le sein de sa famille, de vingt années de travaux toujours consacrés au bien public, et bien noblement récompensés par son élévation à la dignité de pair, le 5 mars 1819.

HUGUET (Jean-Antoine), né à Riom (Puy-de-Dôme), ex-maire de cette ville, a été membre de la première assemblée nationale, convoquée en 1789; en 1795, il entra au conseil des Cinq-Cents; après le 18 brumaire, il fit une courte apparition comme préfet, dans le département de l'Allier. Le 23 janvier 1801, il fut nommé conservateur des eaux et forêts à Aix, où il se trouvait encore en 1814.

HULTMANN (Charles-Geraud), chevalier de la Légion-d'Honneur, originaire d'Hollande, a été pendant quelques années, directeur des beaux-arts à Amsterdam, sous le règne de Louis-Napoléon, frère puîné de l'empereur des Français. En 1810, il fut chargé d'une mission importante auprès de ce monarque; il se rendit à Paris pour s'en acquitter, et aussitôt qu'elle fut remplie, il demanda de l'emploi au gouvernement impérial; on lui donna l'administration de la préfecture du Vaucluse, le 13 décembre de la même année, en remplacement de M. de Stassart, appelé à la préfecture des Bouches-de-la-Meuse.

Après un séjour d'environ trois ans, à Avignon, le climat de ce pays lui étant contraire, il reclama auprès du gouvernement une autre destination, où il put retablir sa santé déjà délabrée, et qu'un plus long séjour dans ce département pouvait rendre tout-à-fait désespérée.

Il fut fait droit à sa demande, et, le 12 mars 1813, il obtint de rentrer dans son pays, alors réuni à la France, comme préfet de l'ancien département des Bouches-de-l'Yssel. On assure que depuis les évènemens de 1814, M. Hultmann a été conseiller d'état dans le royaume des Pays-Bas ; on ignore maintenant sa position politique.

I

IMBERT, de la Ferté-sous-Jouarre, ex-législateur ; le 25 décembre 1799, il fut élu par le sénat membre du tribunat ; il a administré, comme préfet, le département de la Loire, depuis le 3 mars 1800, jusques au mois de mars 1807, époque de sa mort. Sa perte fut vivement sentie par le chef de l'empire qui perdit un fonctionnaire dévoué, et par ses administrés dont il était le père.

IMBERT DE MONTRUFFET, chevalier de la Légion-d'Honneur, ancien sous-préfet de la restauration, fut destitué par le ministère Polignac et rétabli par le gouvernement de Louis-Philippe.

Il occupait la sous - préfecture de Marvejols, (Lozère), lorsque, le 21 janvier 1833, il devint préfet de la Haute-Loire.

Son administration dans ce pays a été marquée pendant quelques années par certains actes de résistance de la part de l'autorité municipale ; et, en 1835, il éprouva la plus grande peine pour la reconstituer.

Cependant, nous sommes fondés à croire que

depuis quelques années, ce magistrat s'est acquis l'estime et la considération pour ainsi-dire générale des habitans de ce département.

INDY (d'), chevalier de la Légion-d'Honneur, sous-préfet de Bagnères (Hautes-Pyrénées), sous le gouvernement impérial. Le 10 juin 1814, le roi le nomma préfet de l'Ardèche. Destitué pendant les cent jours, il reprit ses fonctions dès le retour des Bourbons. Le 19 janvier 1819, il fut remplacé par M. Paulze-d'Ivoy.

J

JAHAM, de Belleville, était maire de Richelieu, lorsqu'au mois d'août 1815, il fut nommé sous-préfet de Civray (Vienne); il fut ensuite appelé à la sous-préfecture de Verdun (Meuse); le 10 février 1819, il devint préfet des Hautes-Pyrénées; le 12 novembre 1828, il passa à la préfecture de la Charente. Nous ignorons si les deux départemens que l'ancien maire de Richelieu a administrés, conservent un heureux souvenir de ce fonctionnaire que la révolution de 1830 a mis de côté.

JARDS-PANVILLIERS (le baron Louis-Alexandre), l'un des présidens de la cour des comptes, membre de la chambre des députés, commandeur de la Légion-d'Honneur, naquit à Niort, en 1747; il exerçait avec habileté et succès la profession de médecin dans sa ville natale, lorsque les évènemens le firent entrer dans la carrière législative. En septembre 1792, ses compatriotes le nommèrent député à la Convention nationale ; il se fit remarquer dans cette assemblée par sa conduite sage et modérée.

Lors du procès de Louis XVI, en janvier 1793, ce conventionnel se prononça avec fermeté pour l'appel au peuple. Son opinion sur l'application de la peine est ainsi conçue : « Quoiqu'il soit contraire » à mes principes de prononcer la peine de mort, » je n'hésiterais pas à la prononcer, si la tête du der- » nier conspirateur pouvait tomber avec celle de » Louis ; je vote pour la détention jusqu'à la paix, » et le bannissement à cette époque; » (*) il vota ensuite pour le sursis. Quelque temps après, il fut envoyé en mission dans l'Ouest, afin de concourir à la pacification de ce malheureux pays, désolé par la guerre civile.

En 1795, il entra au conseil des Cinq-Cents, et contribua puissamment au succès de la journée du 18 brumaire ; en décembre 1799, il entra au tribunat ; le 3 mars 1800, il devint préfet de la Vendée ; le 22 décembre suivant, il fut appelé de nouveau au tribunat ; c'est lui qui fut nommé rapporteur de la commission chargée d'examiner le projet de loi qui tendait à faire déclarer le premier consul empereur des Français ; ensuite il présida la députation qui apporta au sénat la résolution adoptée par le tribunat.

Vers la fin de 1804, l'empereur, voulant récompenser les services de ce zélé tribun, le nomma président à la cour des comptes, où il a donné successivement, des preuves d'un égal amour et d'un pareil dévoûment à l'empire et à la restauration. Il est mort à Paris, le 13 avril 1822.

(*) *Moniteur*, année 1793.

JAYR (N.), chevalier de la Légion – d'Honneur ; à la révolution de 1830, il fut nommé conseiller de préfecture du département de l'Ain ; le 25 mai 1834, il devint préfet de ce département, mais comme le dit un ancien proverbe : Nul n'est prophète dans son pays ; M. Jayr fut remplacé à Bourg, par M. Bonnet, et envoyé à la préfecture de la Loire, le 23 juillet 1837. Il vient encore de subir une mutation, mais tout à fait à son avantage ; il a été appelé à la préfecture de la Moselle, le 20 octobre 1838.

JERPHANION (le baron Joseph – Gabriel), officier de la Légion – d'Honneur, décoré de l'ordre de Sainte – Anne de Russie, est né en 1758 ; il occupa les fonctions d'inspecteur des contributions sous le directoire ; le 3 mars 1800, il devint préfet de la Lozère ; le 23 germinal an X (13 avril 1802), il passa à la préfecture de la Haute-Marne ; il y fut conservé par le roi en 1814, qui le nomma officier de la Légion-d'Honneur. Sans emploi pendant les cent jours ; et après la seconde rentrée du roi, il sollicita et obtint sa retraite ; il se retira dans une de ses terres en Champagne, où il est mort en 1832.

JESSAINT (le vicomte Claude – Joseph Bourgeois de), pair de France, grand – officier de la Légion – d'Honneur, est né le 26 avril 1764, à Jessaint, département de l'Aube ; il a fait ses études au collége de Brienne, où il se trouva avec le jeune Napoléon Bonaparte.

M. de Jessaint se montra très-réservé à la première révolution ; il se tint à l'écart et en traversa fort paisiblement l'époque la plus orageuse.

Napoléon arrivé au pouvoir, appela son ancien camarade de collège, Jessaint, par arrêté du 12 ventôse an VIII (3 mars 1800), à l'administration de la préfecture de la Marne.

Là, sans ambition (*) comme sans intrigue, par une exception des plus rares et par une administration des plus honorables, M. de Jessaint s'est maintenu dans l'exercice de ses fonctions pendant plus de 38 ans.

Il a fonctionné à toutes les époques et au milieu des plus grands bouleversemens politiques, avec sagesse et surtout avec la plus grande impartialité et la probité la plus austère.

Ce respectable vieillard a été admis, sur sa demande, à la retraite, par ordonnance royale du 1er novembre 1838, et élevé à la dignité de pair de France, le 10 du même mois, en récompense de ses longs et honorables services.

JESSAINT (le baron Adrien de), maître des requêtes en service extraordinaire, commandeur de la Légion-d'Honneur, fils du précédent, a été successivement, sous le gouvernement impérial, auditeur au conseil d'état, sous-préfet à Troyes et à Genève. Il se trouvait dans cette dernière ville vers la fin de 1813, lorsque l'armée autrichienne s'en approchait; il n'imita point la conduite pusillanime du baron Capelle, alors préfet de ce département;

(*) A la première restauration, M. le duc d'Oudeauville avait obtenu du roi, à titre d'avancement, la préfecture du Nord pour cet honorable magistrat, en récompense de tous les services qu'il avait rendus.

M. de Jessaint refusa ce nouveau poste, quoiqu'il fut plus considérable que celui qu'il occupait. *(Communiqué.)*

il fut au contraire le dernier des fonctionnaires qui, toute résistance devenue inutile, abandonna son poste.

Chargé par le général Desaix d'une mission importante auprès du général autrichien Bubna, il s'en acquitta de la manière la plus distinguée.

Le 27 juin 1814, il fut nommé maître des requêtes en service ordinaire, et sous-préfet de Soissons, dans les cent jours ; mais il fut dépouillé de toutes fonctions publiques, immédiatement après la seconde rentrée des Bourbons.

En août 1830, M. de Jessaint obtint du gouvernement de Louis-Philippe, la sous-préfecture de Saint-Denis, et, le 2 juillet 1832, il devint préfet de la Lozère. Il passa, à titre d'avancement, le 21 septembre 1834, à la préfecture du Gard, où, par une administration toute paternelle, il se fait estimer et chérir. Il a été fait commandeur de la Légion-d'Honneur, le 30 avril 1836.

JORDAN (Augustin), officier de la Légion-d'Honneur, auditeur au conseil d'état et secrétaire de légation près le grand-duc de Wurtzbourg, sous le gouvernement impérial, de 1808 à 1812 ; en 1813, vers la fin de décembre, il accompagna le contre-amiral Ganthaume à Toulon, pour le seconder dans ses opérations de salut public. Sous le gouvernement royal, il fut en très-grande faveur ; d'abord il obtint la sous-préfeture de Bayonne et la croix de la Légion-d'Honneur. Le 1er septembre 1824, il devint préfet du Haut-Rhin ; et, le 24 août 1829, il passa à la préfecture d'Ile-et-Vilaine. Depuis la révolution de 1830, il se trouve seulement maître des requêtes en service extraordinaire, titre qui lui avait été conféré par Louis XVIII.

JOUBERT (Pierre-Marie), chevalier de la Légion-d'Honneur, était en 1789, curé de St-Martin d'Angoulême, lorsqu'il fut nommé à la Constituante. Il se prononça fortement pour le nouvel ordre de choses et attaqua vivement les prétentions du haut clergé ; cependant, en 1790, il accepta les fonctions d'évêque constitutionnel d'Angoulême ; mais, en 1793, il se dépouilla non seulement de l'épiscopat, mais il renonça à la prêtrise. Il devint successivement président de l'administration centrale de la Seine, et régisseur de l'octroi municipal de Paris.

Le 3 mars 1800, il obtint l'importante préfecture du Nord ; le 3 pluviôse an IX (22 janvier 1801), il fut remplacé et nommé conseiller de préfecture de la Seine, le 7 ventôse an IX (25 février 1801). Il est mort dans l'exercice de ses fonctions à Paris, en août 1815.

JOURDAN, du Var, (N.), officier de la Légion-d'Honneur, avocat, est préfet de la Corse depuis le 4 septembre 1830.

JUBÉ DE LA PARELLES (le baron Auguste), commandeur de la Légion-d'Honneur, chevalier de Saint-Louis, naquit le 12 mai 1765, à Leuville, près de Monthery ; en 1786, il entra au service de la marine ; en 1789, il fut employé utilement sur les côtes, par les généraux Dumourier, Soucy et Wimphen.

En mai 1792, étant chef de la première légion de

la garde nationale de Cherbourg, sa noble résistance empêcha l'incendie des châteaux qui se trouvaient dans les environs de cette ville ; en 1793, il était inspecteur-général des côtes de la Manche, il fut momentanément disgrâcié.

Après la chute de Robespierre, en 1794, il reprit ses fonctions, et bientôt après, il devint adjudant-général chef de brigade. En 1796, il fut employé dans son grade avec les fonctions de chef d'état-major de l'armée, commandée par le général Hoche ; il commanda ensuite la garde du directoire. Plus tard, il fut chargé de l'organisation de la garde des consuls. Sa mission remplie, il entra au tribunat ; à la dissolution de ce corps, il obtint l'ancienne préfecture de la Doire ; le 12 mars 1813, il passa à celle du département du Gers ; il ne conserva pas longtemps cette préfecture, il fut remplacé par M. Bessières, le 16 décembre suivant.

Il dut sa disgrâce à l'envoi successif de trois mémoires au gouvernement, contre le système de réquisition en nature adopté pour la subsistance de l'armée du Midi. En 1814, Louis VVIII nomma cet ex-préfet, chevalier de Saint-Louis, commandeur de la Légion-d'Honneur et maréchal-de-camp.

Tous les biographes rapportent qu'à cette époque l'empereur de Russie devint l'objet de son culte. L'ex-préfet de l'empereur Napoléon fit paraître une brochure intitulée : Hommage des Français à l'Empereur Alexandre, où il demandait, page 12 et suivantes que : « 1° Sur la colonne Vendôme, la statue » de Napoléon ferait place à un globe d'azur, chargé » de trois fleurs de lis d'or et supporté par les aigles » des trois puissances du Nord déployés ;

» 2° L'arc de triomphe de l'Étoile serait terminé
» à la gloire de leurs souverains. »

Le général Jubé est mort à Dourdan (Seine-et-
Oise), à la suite d'une courte mais bien douloureuse
maladie, le 1er juillet 1824. Il était membre de plusieurs académies et jouissait de la réputation d'un
littérateur distingué ; il a publié en 1805, l'histoire
des guerres des Gaulois et des Français en Italie,
conjointement avec le général Servan. Il est auteur
d'une histoire générale militaire des guerres de la
France, depuis le règne de Louis XVI, jusqu'à la
chute de Napoléon ; les deux premiers volumes de
cet important ouvrage ont paru ; sa maladie a em-
pêché la publication du troisième et dernier volume,
qui se trouve dans ses papiers.

JUIGNÉ (le comte Victor-Amédée de), neveu de
l'ancien archevêque de Paris, officier de la Légion-
d'Honneur, débuta dans la carrière administrative
par la sous-préfecture de Blois, le 2 août 1815, et
fut ensuite appelé à celle d'Autun. Le 12 août 1818,
il fut nommé préfet du Cantal ; le 19 juillet 1820, il
passa à la préfecture du Cher ; le 5 novembre 1823,
le département de la Haute-Garonne fut confié à son
administration.

Doué d'une piété exemplaire, M. de Juigné se
trouvait parfaitement bien à Toulouse ; il vivait dans
une parfaite harmonie avec le haut clergé et les congréganistes de cette ville. Mais, le 12 novembre 1828,
le ministère Martignac l'enleva à ses douces affections et l'envoya à la préfecture du Doubs ; enfin,
le 1er novembre 1829, sous le ministère Polignac,
il fut transféré à celle d'Indre-et-Loire.

M. de Juigné, qui était aussi maître des requêtes en service extraordinaire, se trouve sans emploi depuis la révolution de 1830.

JULIEN (le comte Louis-Joseph), commandeur de la Légion-d'Honneur, est né en 1764; en 1790, il était aide-de-camp du général Lafayette, commandant en chef de la garde nationale de Paris. Après le 10 août 1792, il fut arrêté et emprisonné comme suspect; il recouvra sa liberté au 9 thermidor, reprit du service, et parvint successivement au grade d'adjudant-commandant; immédiatement après la chute du directoire, il obtint sa retraite.

Le 9 thermidor an IX (27 juillet 1801), il fut nommé préfet du Morbihan et ensuite conseiller d'état en service extraordinaire. Les évènemens de 1814, lui firent perdre sa préfecture et son titre de conseiller d'état; cependant le roi lui conféra à cette époque le grade de maréchal-de-camp en non activité. Dans les cent jours, il rentra dans sa préfecture qu'il fut obligé de céder de nouveau, vers juillet 1815, à M. le comte de Floirac, qui lui avait succédé le 22 juillet 1814.

JUSSIEU (Alexis de), officier de la Légion-d'Honneur, né à Paris; il sortit de la sous-préfecture de Sceaux, qu'il occupait depuis la révolution de 1830, le 12 mars 1831, pour aller administrer la préfecture de l'Ain, d'où il passa à celle de la Mayenne, le 28 mai 1832; le 12 octobre suivant, il fut appelé à succéder à M. de Sainte-Hermine, préfet de la Vendée. Le 30 mars 1833, il fut envoyé à la préfecture de la Vienne; et enfin, le 17 mai 1837, il a été nommé directeur-général de la police du royaume. Malgré toutes les hautes qualités et les talens administratifs de M. de Jussieu, nous ne pouvons croire que le bien qu'il a fait dans le département de la Mayenne soit immense, ainsi que l'a annoncé le *Moniteur* des maires de ce département, parce que le temps lui a manqué.

Il fut nommé, en 1837, député par le collége électoral de Bourbon-Vendée, mais son élection fut annulée.

K

KERESPERT (le comte Urbain-François de), chevalier de la Légion-d'Honneur et de Saint-Louis, ancien colonel de cavalerie; il émigra au commencement de la révolution et servit dans l'armée des princes. Rentré en France, en 1814, à la suite du roi, ce monarque, en récompense de son dévoûment, le nomma sous-préfet de Fougères; il cessa ses fonctions en mars 1815, et les reprit le 18 juillet suivant. Le 19 février 1817, il devint préfet de la Vendée et fut destitué le 9 janvier 1819, sous le ministère Decazes. Après la chute de ce ministère, il obtint l'emploi d'administrateur du télégraphe, en remplacement de M. Chappe, qu'il cessa de remplir à la révolution de 1830.

KERGARIOU (le comte de), officier de la Légion-d'Honneur, ex-pair de France, est né le 25 février 1791, d'une ancienne famille de Bretagne; il était chambellan de l'empereur, lorsqu'en 1810, il fut nommé sous-préfet du Hâvre. Le 26 décembre 1811,

il devint préfet d'Indre - et - Loire , et , le 13 octobre 1814 , il fut appelé par le gouvernement du roi,
à la préfecture du Bas-Rhin. L'empereur Napoléon ,
à son retour de l'île d'Elbe, en mars 1815 , rejetta
les services de son ancien chambellan , et lui envoya
un successeur à Strasbourg. Le trône impérial ayant
de nouveau croulé , M. de Kergariou rentra en faveur , et , en vertu de l'ordonnance du 8 juillet 1815 ,
il reprit ses fonctions.

Le 2 août suivant, il passa à la préfecture de la
Seine-Inférieure ; en juillet 1818 , il donna sa démission de préfet et fut nommé conseiller d'état en
service ordinaire. Membre de la chambre des députés sous le ministère Villèle , il se montra si dévoué
au système politique de ce ministère que , le 5 novembre 1827 , il fit partie de la fournée des 76 pairs
éliminés par la charte de 1830.

KERSAINT (le comte de), commandeur de la
Légion-d'Honneur , et décoré de plusieurs ordres
étrangers , neveu du conventionnel de ce nom , qui
refusa de siéger dans le sein de la Convention immédiatement après le jugement de Louis XVI, et qui
mourut révolutionnairement le 4 décembre 1793 ; il
était capitaine de vaisseau à l'époque de la première
révolution. Sous le gouvernement impérial , il avait
obtenu le grade de contre-amiral , et fut nommé chef
des mouvemens du port d'Anvers ; le 12 mars 1812 ,
il fut nommé préfet maritime à cette résidence.

Le 15 août 1815 , il devint préfet de la Meurthe ;
mais M. de Kersaint, déjà avancé en âge et d'ailleurs
peu propre aux fonctions administratives , fut mis à
la retraite , en septembre 1816 , avec le titre de maître

des requêtes en service. extraordinaire. Le 2 avril 1830, ce vieux retraité fut appelé à la préfecture de l'Orne ; lors de la révolution de Juillet, il fut dépossédé de ses fonctions et emmené sous escorte, au limites du département, sur la route de Paris.

FIN DU PREMIER VOLUME.